AMANDA FITAS

A ARTE DE DESAPEGAR E SEGUIR EM FRENTE

LIÇÕES PARA AQUELES QUE PRECISAM SEGUIR EM FRENTE E COMEÇAR UM NOVO CICLO EMOCIONAL EM SUA VIDA

SUMÁRIO

LIÇÃO 1

NÃO DECIDIMOS POR NINGUÉM

Nem todo mundo vai achar que vale a pena insistir em uma relação com você ou vai estar disposto a vencer o medo e o orgulho. Nem todo mundo vai te achar compatível para seguir construindo uma história de amor.

Cabe a você viver a ilusão e a esperança de ser reconhecido, ou seguir em busca de seus sonhos. Livre, desimpedido e sem rumo pré-definido. Mas lembre-se de que não há certo ou errado.

As pessoas vão fazer escolhas apoiadas em suas vivências e em suas ideias de mundo. Em como acham que o amor deveria ser, em como acham que a pessoa ideal deveria ser. Em tudo o que absorveram dos seus pais, familiares, amigos e indivíduos que passaram por sua trajetória. Em tudo o que observaram ao longo dos anos.

Ficar com você ou não é algo que está bem acima daquilo que seus olhos poderiam enxergar. Então, o ponto é que não decidimos pelo outro, não conhecemos suas motivações e nunca poderemos determinar qualquer escolha de alguém, pois isso é algo restrito, limitado e pessoal.

Do universo das pessoas, não conhecemos nem parte do que gostaríamos de conhecer. Às vezes, nem elas mesmas se conhecem.

De toda a história, cultura e carga emocional, não sabemos praticamente nada, logo esperar por desculpas e arrependimentos alheios só vai estagnar a nossa vida.

Pois há quem espere por uma resposta, por uma ação, por um gesto mais afetuoso, por um olhar, por um momento especial, por alguém específico, por aquela pessoa desejada ou por uma mensagem instantânea e aguardada.

É como viver buscando migalhas de alguém que, simplesmente, quer seguir em frente.

Quem conta as horas no relógio, acompanha o lento decorrer do tempo pelo celular ou procura por mensagens do passado, ainda não decidiu, de fato, superar.

Apenas tenta materializar sua vontade com o pensamento, com a emoção e com suas mentiras sinceras, contadas para si e, muitas vezes, para os outros também.

Por fazerem isso, não respeitam o tempo das coisas. Não entendem o tempo, o passo a passo, a escolha, a decisão, os caminhos, a distância, o medo, a solidão, o afastamento, a separação segura e o aspecto inconstante da vida.

E é isso que frustra, que cria senso de rejeição, que constrói novas camadas e cascas emocionais em volta de si, passando a tornar qualquer cenário ou situação em um enredo interno quase trágico, difícil de controlar, de dar sentido ou de digerir.

Tornamos pessoal aquilo que não deveria ser pessoal. Se não sou a escolha daquele indivíduo porque não me considera compatível o suficiente, isso não precisa me derrubar.

Ele tem todo o direito de escolher algo mais compatível. Isso não significa que não sirvo para diversas outras pessoas, que seriam muito mais compatíveis comigo também.

Portanto, deixe fluir. Muita gente não vai "correr atrás" de você como gostaria porque estão em outro momento. Não espere arrependimento de quem não sente que precisa se arrepender.

Essas pessoas têm seu próprio mapa, suas próprias crenças, suas próprias emoções genuínas, as experiências particulares - tanto afetivas, quanto emocionais, ou sociais - que as moldaram conforme são e como se mostram.

É necessário seguir o fluxo, acompanhar a maré, liberar-se e liberar o outro para a tomada de decisão. Mesmo que tal decisão seja não tomar decisão alguma ou não fazer determinada escolha que te agrade.

Todo o processo é precioso, todo o caminho é de ouro, todas as escolhas são válidas, todo mundo tem o direito de ser ou de deixar ser. "Ser ou não ser, eis a questão!" Aceitar e deixar fluir: eis a solução!

Todos podem fluir ou obstruir. Seguir ou parar no meio do caminho. Não existe qualquer sentido residual contrário à manifestação silenciosa do próprio eu e de suas decisões íntimas.

Não cabe a mim, a você e a ninguém interferir na natureza das coisas, na natureza humana, em uma mente apta a seguir a própria jornada.

LIÇÃO 2
FOCO NO APRENDIZADO

Vamos enxergar um ciclo que se encerrou de forma inteligente. Talvez, quem não te acompanhou tenha vindo para te ensinar a caminhar sozinho. Talvez a missão dele fosse te mostrar que vale a pena se aventurar na imensidão, que você é capaz de desenvolver recursos e habilidades por sua conta.

As pessoas são capazes de nos empurrar para a frente sem que a gente perceba. É como se estivessem nos cutucando rumo à vida de sucesso que podemos ter.

Talvez, quem mais te desequilibrou tenha vindo para te ensinar a ter paciência. Talvez, quem te trouxe mais raiva tenha vindo para te ensinar a ter compaixão e empatia, a ser alguém mais leve, sereno, livre de tanto peso.

Talvez, quem mentiu para você ou te enganou tenha vindo para te ensinar o perdão. Talvez, quem tentou te controlar tenha vindo para te fazer recuperar o seu próprio controle. Com isso, acabou te mostrando que o único capaz de gerenciar a sua vida é você mesmo.

Há sempre um ensinamento sagrado, um aprendizado, um caminho interessante e decisivo. Você aprende a interpretar mundos diferentes, ter percepções distintas e reconhecer visões alteradas do seu próprio panorama existencial.

Por isso, existem os desafios afetivos, sentimos a necessidade de nos relacionar e de aprender com os outros. Mesmo de forma inconsciente, tudo se relaciona mutuamente, o tempo todo.

Por isso, nada é descartável, por mais que você queira delegar, deixar ou mesmo reciclar coisas e pessoas em sua vida.

Há um aprendizado em tudo, ensinamento e troca permanente. Para tudo, há um movimento e um caminho a seguir, mesmo que este pareça um trajeto invisível.

Quem te feriu hoje, fortaleceu sua existência e te ajudou a avançar, a progredir e a criar novas visões emocionais. Respeite-as, aceite-as, coopere e aprenda, ilimitadamente, com suas objeções emocionais.

Talvez, quem você acredita odiar tenha vindo te mostrar que o amor pode existir em sua forma mais incondicional. Amor e ódio são duas faces da mesma moeda.

O ódio é a ausência do amor, mas está implicado à natureza essencial dele.

Sua crença no ódio é apenas o espelho comportamental de si mesmo. É preciso reciclar essa emoção, compreender que há ressonância emocional em tudo.

É preciso reorganizar suas bagunças, desativar a mensagem do ódio e mudar a polaridade para a essência do amor incondicional.

Porque mesmo o ódio te ensinou a necessidade de, novamente, aprender a amar e a mudar o padrão do que sente.

Talvez, essas adversidades sejam as suas maiores conquistas e esse medo veio te ensinar a ter coragem. Se arrisque. Viva. Agradeça e aproveite a lição.

Transforme a descrença em fé, a rejeição em empatia, o ódio em amor, a raiva em esperança e o desprezo em alegria.

Toda adversidade ensina a sobreviver, a viver intensamente e a restabelecer a essência de si.

Agradeça, ame, relacione-se bem consigo e solte as amarras e os condicionamentos da sua mente. Libere qualquer prisão mental e esteja aberta a amar mais, a aprender mais, a interagir mais, a compreender melhor e a ressignificar o que preciso for. Nunca perca de vista a sua paz.

TALVEZ QUEM NÃO TE ACOMPANHOU TENHA VINDO PRA TE ENSINAR A CAMINHAR SOZINHO.

LIÇÃO 3
MEMÓRIAS DO AMOR

Não existe o botão com a opção imediata: "deixar de amar". Houve bons momentos, histórias incríveis e sentimentos inexplicáveis. Assim como momentos de frustração, dor e sonhos não concretizados. O enredo esteve ali o tempo todo. Os laços foram fortalecidos diversas vezes. Os projetos foram traçados.

Seu coração mantém memórias afetivas, sua mente preserva registros emocionais e em seu sistema há grandes fragmentos de um tempo bom e com troca de experiências sentimentais.

Longos dias de sofá, boas conversas, companheirismo em horas difíceis, viagens, promessas e declarações de eternidade. Tudo coexiste na linha do tempo do amor, nas recordações prazerosas e em momentos sublimes de compaixão.

Não se apaga ou risca da agenda o que já foi escrito e delineado. As páginas permanecem ilustradas, mas com outra percepção. Cada momento preserva seu instante de encantamento.

Há um fluxo, um movimento e uma organização natural dentro de cada um. Você vai precisar buscar se fortalecer, e dependendo do quanto cuidou do seu emocional e da sua autoestima, será um processo mais curto ou mais longo.

Cada pessoa tem seu tempo para decodificar as memórias emocionais, organizar os sentimentos, alinhar a razão e os pensamentos. Algumas pessoas se fragilizaram mais na relação e talvez precisem de mais tempo para se reencontrar. Mas nunca é tarde. Qualquer um pode fazer isso a qualquer momento.

Você vai precisar se acolher e ficar do seu lado. Se apoiar e ser seu melhor amigo. Os sentimentos precisarão ser processados pouco a pouco. As interpretações precisarão ser diferentes. Não adianta se culpar, se criticar, se maltratar e se machucar. A sujeira vai se acumular no seu coração.

É preciso identificar tais sentimentos e mudar o significado. É preciso se reencontrar com o seu valor e as infinitas possibilidades que a vida te reserva.

Você vai precisar de coragem e força para seguir. Não dá para negar o que aconteceu. Não dá para se abandonar. Não dá para se recusar a passar pelo processo e não caminhar. Um processo de superação é possível para todos. Foque em si.

LIÇÃO 4

NÃO COMPLIQUE DEMAIS

"Mas fazer isso é difícil", "superar o outro é muito complicado", "abandonar esse barco é impossível", "sair desse ciclo é complexo demais". Lástimas e lágrimas intermináveis. Processos internos doloridos.

Nós encontramos várias justificativas para o quanto será difícil superar alguém. Não compreendemos que novas oportunidades podem estar a caminho, não percebemos o nosso valor.

Quanto mais remoemos, mais transtornos e barreiras emocionais criamos. Isso pode, sim, se tornar um desastre emocional, pois não há uma razão clara e evidente do que vibra dentro de cada um.

E, com isso, vamos tornando tudo um martírio. Pedimos a solução para os outros, ficamos viciados em problemas e dificuldades, e ainda reclamamos da realidade que nós mesmos criamos.

Mas onde está ou se encontra a verdadeira saída?

A solução ideal é a mais apropriada?

Será que não está na hora de você simplificar mais?

O que você pode fazer para tornar isso menos sofrido?

Qual é o remédio mais recomendável?

É preciso mesmo tomar algum remédio?

O que impede sua cura interior?

O que você precisa fazer para tornar-se soberano? Compreender seu mecanismo interno e suas emoções? Assumir o controle sobre a sua vida emocional?

Você acha que fazer escolhas é muito difícil, só que o complicado mesmo é ficar em dor por anos. Se você quer realizar alguma coisa diferente, precisa se posicionar para isso.

Ou você prefere ficar refém da falta de escolhas? Algo que, na verdade, não existe? Porque, até mesmo a falta de escolha, é uma variável. É uma escolha consciente ou inconsciente da sua mente.

Escolher, eis a questão!

Ou melhor, eis a resposta! A saída de suas demandas internas e de suas emoções camufladas que precisam de autoridade e autorização.

Para encontrar a solução, é necessário assumir os riscos e aceitar o poder que emana de dentro para fora. Querer e aceitar isso. Buscar e escolher.

Reconhecer suas emoções, os sentimentos mais vibrantes e intensos. Aquietar o coração e os pensamentos, a partir de escolhas sinceras e serenas.

Mas esperar que alguém te dê a fórmula mágica para os seus aparentes "problemas invencíveis" é pura ilusão. Pode ser um erro incorrigível e terrível, ao mesmo tempo.

A resposta está em você, com você, na extensão de suas convicções. A escolha depende de você.

A solução está naquilo que você acredita, em suas crenças positivas, no modo que você enxerga o mundo, na sua relação com suas emoções internas e com tudo aquilo que te movimenta no caminho do amor.

Se você não se enxergar como alguém feliz e capaz de viver muito bem sem alguém, vai passar a vida toda criando dependências e sofrendo desnecessariamente. Não vale a pena.

LIÇÃO 5

A SOLIDÃO

A solidão tem uma maneira própria de nos ensinar. No começo ficamos relutantes, acreditamos que tudo é muito vazio, que ela não traz nada de bom, que ela nos deixa como rejeitados, que o solitário é inferior e que não vamos suportar.

Certamente, uma separação emocional e uma solidão não premeditada podem nos fazer desfocar.

Esses sentimentos podem nos deixar - momentaneamente - inoperantes, acuados, ainda mais isolados, confusos, revoltosos, incoerentes e cheios de intrigas.

Mas, conforme o tempo vai passando, percebemos que não é nada disso. O tempo é o senhor da razão e a vida uma excelente professora. Impiedosa em algumas vezes, firme em outras, mas altamente eficaz. A solidão é um campo de ensino e de estudo emocional, incomparável.

Nos faz olhar para nós mesmos e buscar companhia em nosso próprio interior. Nos faz olhar para o nosso eu interno e reconhecer nossas falhas, capacidades, qualidades, potencialidades, habilidades e nossos atributos.

Nos ensina quem deve ou não ficar do nosso lado e nos lembra o quanto é importante passarmos tempo nos curtindo e nos amando.

Quando somos donos do nosso silêncio e dos nossos pensamentos, é ativada uma conexão superior e íntima, que remete à essência de quem somos, no final das contas.

Pode ser que a solidão nos canse, sim, não vamos negar. Existem momentos em que não suportamos mais o vazio que existe no nada e parece um tédio ficar só.

É quando queremos mandar a solidão para longe e colocar qualquer pessoa em seu lugar. Nesse caso, não tem outro jeito, percebemos que, se não a quisermos (por desespero), ela vai dar um jeito de nos localizar.

Tem que ter jeito para lidar com ela. Não é fugindo, não é odiando, não é correndo. É necessário perceber tudo o que ela quer te mostrar. Aprenda seus valiosos ensinamentos. O que a solidão te ensina, parceiro nenhum poderia te ensinar.

LIÇÃO 6

LIÇÕES INCOMPARÁVEIS

É preciso aprender a respeitar o seu tempo, a aceitar o momento, a escutar a intuição, a aprender no silêncio, a avançar com as próprias percepções da vida e das relações. É preciso respeitar a fase *sozinho* que você está.

É preciso saber lidar, elegantemente, com o vazio. Também é preciso olhar para o caos, acolher as sombras e aceitar o tempo da escuridão para mudar o foco e modelar as escolhas.

Há infinitas possibilidades e potenciais criações desejáveis da vida, construindo novas relações, compromissos pessoais, decisões assertivas e iluminadas.

De amor e guerra. De paz e conflito. De sabedoria e escuridão. De harmonia e separação.

O sentimento da solidão, ao virar uma oportunidade de reconhecimento e de expansão de si, de seu alto nível de percepção existencial e de consciência, pode abrir horizontes inexplorados que antes estavam afogados por sua resiliência avessa ao amor próprio, à aceitação e ao sentimento de acolhimento.

Seja por si ou pelo outro. Por seus desejos, suas qualidades, sua visão de mundo ou modo de agir diante do sucesso ou das adversidades.

É você quem decide e escolhe conviver com esse sentimento solitário da melhor maneira. Pois você pode se encolher ou se expandir.

Tudo depende como pactua a própria emoção e como pretende elevar-se diante de todo e qualquer conflito interior.

A solidão te ensina. Ela é sagrada, uma lição de sabedoria que está acompanhada, muitas vezes, da separação, das novas escolhas, do vazio, do momento de reclusão, do abandono ou da ativação das próprias potencialidades.

Um aprendizado sagrado, constante e vivo dentro de você.

LIÇÃO 7

PENSAMENTO ATRELADO

Às vezes, você acredita que ama alguém só pelo fato de pensar muito nessa pessoa. Mas será que é amor mesmo? Aquela leveza e bem-estar? Ou é um apego a alguém que lhe causou, em algum momento, frações de euforia, adrenalina e entusiasmo?

O que, de fato, te vincula e atrela a essa pessoa?

Qual pensamento está atribuído?

Será que isso não passa de uma sensação passageira ou de uma confusa forma de pensar apoiada em crenças e em tudo que você sempre acreditou ou te ensinaram na vida?

Será que não pode ser uma projeção das suas ausências internas? Das habilidades que não desenvolveu? Será que não é por que você vê essa pessoa como superior e muito incrível para ser perdida?

Será que não é só porque você endeusou esse indivíduo demais por ele ter a coragem, a segurança e a autoconfiança que você não tem?

Talvez o poder que você não tem? A determinação ou o sucesso que você não se vê capaz de conseguir?

Qual é o fio condutor desta história emocional contada para você mesmo?

Observe com calma: esse sentimento tem muito mais a ver com as histórias que você está se contando para ficar vinculado a ele, do que, de fato, sentindo o amor em si.

É você e seu ego criando o enredo, a circunstância e a situação ideal. Porque, talvez, você precisa se nutrir disso, precisa alimentar sua vida e sua existência com algo, relativamente, implicado.

E isso pode ter a ver ainda com o medo da solidão, da rejeição, do abandono, da insuficiência afetiva, da inferioridade e da incapacidade de sentir-se, naturalmente, amado e de amar-se.

É preciso iluminar a sua mente, ter clareza emocional e retirar essa pessoa do seu campo de visão.

A verdade precisa prevalecer. Isto é um fator incondicional para você se manifestar, livremente, no campo do amor, como consciência expansiva e dinâmica.

Vá tirando essa pessoa do seu campo de visão. Vá falando menos o nome e desfazendo enredos que criou ao lado dela.

Desate os nós, desfaça a teia afetiva, emocional e racional que você mesmo teceu. Tire ela do pedestal imaginário. Busque desenvolver os seus próprios recursos e habilidades internas.

Vá aceitando que ela, realmente, não está a fim de viver algo com você. Diga a si mesmo a realidade dos fatos repetidamente. Encare os fatos. Viva a realidade como ela é.

Mesmo que, nesse momento, ela pareça dura e cruel, o que, de fato, não é. Pois tudo são momentos, aspectos, circunstâncias, escolhas, aceitação, objeção ou decisão. Tudo passa e passará.

Tudo sucumbe às novas escolhas e ao seu poder de decisão, que pode ser executado diariamente. Você decide. Você é dono do seu destino e mais ninguém.

Destrua o que ainda tem atrelado em seus pensamentos e em suas emoções. Aquilo que te vincula a alguém, sem qualquer reciprocidade. Não escolha viver de fantasias e de ilusão.

Para isso, crie novas histórias, sonhos, objetivos e metas. Sozinho ou em novas companhias. Pense em coisas novas, boas e felizes. Não acredite que o amor da sua vida é alguém que não escolheu estar nela.

Você pode superar, você pode deixá-lo de lado, você pode se libertar desse sentimento, mas primeiro precisará se libertar do desejo de querer algo que, atualmente, está fora do seu alcance.

Resista, persista, aceite, acolha, escolha, mude, revigore: evolua para sua melhor versão. Seja sincero com você, com os fatos, com suas emoções e com seus pensamentos incondicionais.

LIÇÃO 8

MÁXIMO INSUFICIENTE

"Fiz tudo o que eu podia, dei o meu máximo e ainda assim o outro foi embora". O que houve para eu não alcançar o sucesso, não atingir meu objetivo, não manter a relação e a proximidade?

Difícil dizer. Há um processo subjetivo por baixo disso tudo. Não depende, exclusivamente, de você. Seu mapa emocional é diferente do território da outra pessoa.

O modo de ver o mundo também. A perspectiva da doação depende dos óculos e da visão de cada um.

A grande verdade é que nem todo mundo vai achar que é suficiente o nosso "máximo". Algo que representa uma imensidão para você poder significar bem pouco para outrem.

O difícil é aceitar, premeditar, fixar um padrão. O importante é estar de bem consigo, em paz, satisfeito e consciente de cada passo. Sempre foi você com você.

As escolhas e as decisões não remetem ao outro, mas pertencem a você. O resultado é uma variável incontrolável quando envolve emoções alheias.

Até porque nossas visões do que é realmente necessário são particulares. Não existem garantias de que concordamos com o que é essencial para alguém, também.

O "máximo" é nosso e não representa o "máximo" de alguém ou de qualquer outra pessoa. Quem garante que o "mínimo" do outro não significa, na verdade, o "máximo" de alguém?

Não tem como mensurar pelo outro. Fazer o seu melhor não tem nada a ver com a escolha da pessoa de ficar ao seu lado para sempre ou não. Você apenas faz isso porque é quem você é.

Você faz isso porque está na sua essência, porque simboliza seus valores, seu mapa, a forma como você observa e interpreta o mundo. Como percebe as próprias emoções e como os sentimentos são íntegros ao seu ser.

Tudo, na verdade, depende de você, pertence a você e diz respeito a quem você é. Ou melhor, a sua percepção da vida e compreensão da realidade emocional.

Como poderia fazer algo diferente disso?

Como poderia dar bem menos do que você sabe que teria para dar?

O que você dá é o que você tem. O que prefere representa sua percepção e visão de mundo. É isso que importa e é isso que fará de você alguém autêntico, em todos os momentos e pilares da sua vida pessoal ou sentimental.

Não espere receber amor do mesmo lugar onde depositou amor. Não espere receber amor da pessoa de que mais gostaria. Esse amor pode vir de qualquer lugar, inclusive da fonte que transborda dentro de si mesmo.

DO UNIVERSO DAS PESSOAS, NÃO CONHECEMOS NEM PARTE DO QUE GOSTARÍAMOS DE CONHECER. AS VEZES, NEM ELAS MESMAS SE CONHECEM.

LIÇÃO 9

PURA ESSÊNCIA

Não seja uma boa pessoa só para conquistar. Seja uma boa pessoa porque é o que a sua essência pede. Seja uma boa pessoa porque é assim que você dorme com a consciência tranquila todas as noites.

Seja você mesmo e não um personagem só para encantar, subitamente, alguém. Você não precisa de fantasias ou máscaras que não representam sua verdadeira essência.

Porque, quando se afasta de si, você sempre perde. Você deixa de ser feliz, de aceitar sua natureza e segue na ilusão da mente e do coração, não se permitindo vivenciar suas próprias experiências.

O que vale é a sua pura essência, os valores, concepções e intenções sinceras de quem você sempre foi.

Quem souber apreciar isso será muito bem-vindo. E a pessoa que não souber será a azarada. Nada mais honesto do que a essência em foco, em prioridade e em evidência.

Porque o outro também pode enxergar suas próprias alegorias e visualizar uma versão nada sincera e autêntica daquilo que você é, representa e simboliza no mundo, no campo das emoções e no contexto geral.

LIÇÃO 10

ESQUECIMENTO EMOCIONAL

Após um rompimento, a saudade virá, a vontade de ligar virá e a vontade de bater na porta pedindo para voltar virá. Você vai ter esses impulsos emocionais. Será motivado, consciente e inconscientemente, a fazer isso.

Pois essa ação de reviravolta emocional mexerá com seus brios, com seu ego, com a sua necessidade de controlar, de retomar e de assumir o domínio da situação.

Antes disso, a tristeza vai invadir, o medo da solidão vai gritar e essa sensação será espalhada ao horizonte.

Você vai lutar com seus sentimentos e enfrentar a sua própria razão. Estará em um conflito imenso e intenso, dentro de si, porque será motivado a isso, a experimentar, novamente, a sensação de poder emocional e de autossuficiência afetiva.

Mesmo que, para isso, você infrinja a realidade dos fatos e não tome a melhor decisão possível.

Mas tudo isso faz parte da superação emocional. Virá a raiva, o desespero e a inquietação. Uma tremenda agitação interna, mental e emocional.

Emoção *versus* razão, em pleno atrito, até encontrarem o ponto de equilíbrio e o balanço emocional que você precisa obter para recolocar o coração no lugar.

Você pode até procurar pelo botão "desamar", mas não obterá sucesso.

Esse esquecimento emocional só chegará após você enfrentar todos esses sentimentos um por um, até organizar internamente a bagunça provocada pela separação e pelos novos caminhos escolhidos.

Racionalizar os fatos. Entender sua atual realidade. Buscar pela sua identidade. Lembrar-se da pessoa que você é. Acreditar no seu valor. Reencontrar a sua essência.

Esta é a saída emergencial e sábia para alcançar, mais uma vez, o equilíbrio, o balanço e a razão, necessários após esquecer momentos, tempo e percurso emocional do passado.

Ou seja, o que você determinar internamente, com apoio de novas razões e fatos adequados aos seus dilemas, é o que vai pavimentar um novo caminho de paz, serenidade e alta consciência emocional, afetiva e sentimental em toda sua vida.

LIÇÃO 11

DOMÍNIO INTERIOR

Se ajude mais. Não se conforme em ficar dominado por pensamentos ruins. Quem domina sua mente é você e mais ninguém.

Nada pode controlar o que você pensa, sente e como age, a não ser a sua própria consciência lúcida e autêntica. Ninguém tem o poder sobre você e suas emoções, a menos que você entregue a chave.

O jogo interno deve ser controlado por uma mente sadia, serena e apaziguada. Sua percepção e suas emoções sentirão os reflexos do autodomínio da razão e dos seus pensamentos curados.

Nenhuma situação é maior do que você. Não deixe que ela te controle. Faça pausas. Reflita mais. Olhe para dentro de si.

Observe-se melhor. Reconheça o que precisa melhorar, equalizar e crie estruturas emocionais adequadas para cada novo momento que surgir.

Você é dono de cada pensamento ou ideia de mundo.

Suas emoções te pertencem.

Ninguém tem essa capacidade de destruir o seu campo emocional, só você próprio e sua mente poderosa.

É você quem comanda as suas ações, elimina os pensamentos desavisados e controla os comportamentos cotidianos, independentemente da situação de risco observada no mundo.

Delete o que não te faz bem.

Organize suas ideias. Fique mais em silêncio. Limpe sua casa interna. Faça a sua parte para a vida fazer a parte dela.

Muitas vezes, é necessário purificar o ar, ventilar as emoções e iluminar os pensamentos com programações mais coerentes com a sua essência, para encontrar novos caminhos, alternativas e preparar o mapa da sua mente para outras possibilidades.

As coisas vão se ajeitando conforme você consegue manter a calma. Conforme você organiza o seu mundo interior e ganha uma consciência mais madura e inteligente para enxergar ao seu redor.

Tome decisões melhores para sua vida, com sabedoria, paciência, concentração e em silêncio interior ao organizar o que precisa de organização e limpar o que precisa ser purificado.

Só você tem essa habilidade de interiorização mental e emocional consigo mesmo, superando seus limites de autoconhecimento.

LIÇÃO 12

ESQUEÇA A VIDA DO OUTRO

Pensa comigo: se a pessoa já te disse com toda a convicção do mundo que terminou porque realmente não te quer mais, qual a chance de você encontrar algo de positivo na página dela?

Eu diria que quase nula ou zero.

Não é difícil desapegar ou desamar. Mas a página virou e você não pode reler algo que foi apagado pela própria pessoa.

Para você, pode até estar escrita toda a jornada emocional que viveu em parceria, mas, para a outra pessoa, essa página foi deletada da mente, do coração e da própria razão.

Aceitar esse fato representa o domínio, muitas vezes, do ego e de um amor sem correspondência.

Você não pode ser o carteiro e o destinatário do mesmo amor, a não ser que este sentimento seja por você, ao seu favor e na direção da sua própria vida emocional.

Qual é a chance de você encontrar algo que te agregue naquele perfil?

Repita com você mesmo: o que estou buscando naquele lugar?

O que desejo, realmente, naquele espaço ocioso e vazio?

O que você acha que é capaz de controlar ao visualizar um perfil?

A vida do outro só diz respeito a ele.

"Ah, mas eu ver muitas coisas ruins será bom porque eu vou desapegar".

Mas, pense comigo: se esse outro já te garantiu que não te quer, será que você precisa de alguma prova maior do que essa?

Não importa mais essa perspectiva, nem a necessidade emocional do outro, porque ele não está mais com você e esse desejo de correspondência emocional é, agora, totalmente vazio e sem sentido.

É preciso desligar-se da necessidade de alguém que não prioriza sua companhia emocional, pois esse comportamento vicioso acaba sendo um veneno para o seu organismo.

Você sabe que vai te machucar, você sabe que vai te colocar para baixo, mas, ainda assim, insiste. Persistir em um futuro promissor é válido, mas insistir no vazio é um infinito caos.

LIÇÃO 13

VÍCIO CURIOSO

Muitas vezes, a sua curiosidade acaba te dando um tiro no pé. É preciso vigiar sua mente para não seguir apenas atitudes impulsivas, incoerentes e inconsequentes.

Não vale a pena tentar monitorar e controlar a vida de outro indivíduo.

Por isso, deixe seguir. Deixe tudo sair do seu controle, mesmo. Deixe o outro ser feliz. Deixe o mundo continuar girando.

A solução está fora do seu controle. Solte e delegue ao tempo e ao universo as respostas naturais que a vida lhe mostrará.

Dê tempo ao tempo. Monitore as ideias invasivas em sua mente. Sinta o coração vibrar em um ritmo ameno e constante. Sem palpitações antagônicas. Siga o fluxo da existência e das consequências naturais.

Quanto mais você agir no impulso, mais vai continuar voltando a esse velho padrão destrutivo: o padrão do **VÍCIO CURIOSO.**

Espere 10 segundos. Conte até 20.

Pergunte-se: o que realmente estou querendo encontrar?

O que vou ganhar com uma atitude controversa e desesperada?

O que isso vai, especificamente, trazer de bom, positivo e produtivo para minha vida?

O que eu ganho e o que eu perco quando eu tenho ações impulsivas e impensadas?

O que, de fato, comportar dessa forma traria de benefícios e de problemas em minhas relações afetivas, humanas e emocionais?

Você precisa se condicionar mentalmente para agir com razão, autocontrole e sabedoria.

Saia do automático.

Escolha comportamentos que te fazem bem.

Priorize sua harmonia, seu controle emocional e sua paz de espírito em vez do conflito interno.

O único vício é o domínio das emoções, a gestão da própria razão e autoconsciência de si, de seus comportamentos aleatórios e da qualidade emocional contida em todo seu sistema humano e relacional.

LIÇÃO 14

PONTO DE ORIGEM

N em todo término de relacionamento acontece por razões óbvias.

Em alguns casos, simplesmente não conseguimos decifrar onde foi que tudo se perdeu. Você não precisa investigar, apurar, remoer, reviver ou voltar àquilo que já até perdeu a origem.

Tudo se recicla e transmuta o tempo todo.

O tempo, a energia, as estações do ano, o dia, a noite, a madrugada, as horas, os segundos e as intenções. Não vale a pena voltar ao ponto de origem, resgatar o que já foi perdido e transmutado.

Mas, a verdade é que, em nosso interior, as coisas estão sempre mudando. Já não somos os mesmos de um mês atrás. Não somos os mesmos hoje, daqui a 10 segundos, daqui a uma hora e no final do dia.

Nossa pele muda, nossos pensamentos se renovam, nossas experiências são reformuladas e nossas emoções *ressignificadas*.

Ou o casal começa a evoluir junto, a alinhar seus propósitos e objetivos, a dialogar bastante ou terá grandes chances de ir se separando pouco a pouco.

É mais fácil, interessante e inteligente seguir, mudar o foco, olhar para frente, para o futuro e para os sonhos em comum acordo.

É sempre melhor enxergar o horizonte e buscar uma nova origem adiante do que resgatar o que já foi perdido, esquecido e transmutado.

Você nunca vai encontrar o lugar comum no mesmo lugar, porque a estância das emoções sempre muda de ponto.

LIÇÃO 15

REJEIÇÃO RESSIGNIFICADA

Algumas pessoas precisam aprender a ressignificar a rejeição. Ou seja, a reordenar os sentidos e significados de emoções, razões, pensamentos e atitudes. Tudo que está oculto precisa ser reorganizado internamente.

Colocar esse sentimento de rejeição, como um monstro capaz de nos engolir, vai nos paralisar diante das oportunidades da vida.

Vai nos deixar estagnados, com a visão deturpada, sem enxergar as nuances e as possibilidades à vista. Não podemos interpretar que tudo veio para nos arruinar.

Sentimos tanto medo dela assim porque, em algum momento, vivenciamos a palavra "não" de uma forma muito dolorida. É um sentimento antigo de ser rejeitado. Não ser escolhido. Talvez na escola, talvez na família, talvez pelos pais e amigos. Esses registros emocionais se fazem presentes.

O "não" não tem que ser algo definitivo e decisivo na sua vida, que diz que você não tem valor e é menos importante nesse mundo. É preciso observar outras variáveis. O "não" pode significar uma oportunidade futura.

A forma de enxergar não precisa continuar sendo negativa. Não precisa continuar sendo um abismo o qual você é incapaz de escalar e superar.

Não precisa ser seu pior inimigo capaz de te fazer se sentir descartável. O caos não deve imperar em sua natureza, nem qualquer sentido subjetivo de incapacidade.

O medo vai diminuindo ao passo que você entende que a rejeição externa nunca poderá te destruir e sempre fará parte da sua história. Se você não entregar esse poder a uma negativa, ficará bem.

Você precisa dominar esta sensação, aprender a lidar com seus sinais e estar pronto para superar qualquer estado mais depreciativo.

É preciso reconduzir processos internos e ressignificar o que não te faz bem. Use a razão, o autocontrole e uma nova perspectiva de expansão interior.

Nem tudo que parece ruim veio realmente para te machucar. Existe "não" que é similar a uma benção.

Existe "não" que vem para abrir outra dimensão interior de reconhecimento e superação emocional. Que te mostra o que você nunca enxergaria se tivesse escutado um SIM.

A única rejeição que pode te arruinar é a sensação interna de que você não é capaz de, verdadeiramente, amar e ser amado. Mude a sua interpretação e tudo mudará.

Mude a configuração interior, a essência que condiciona você para novas significâncias mais amenas e coerentes ao que deseja viver, emocionalmente, em sintonia com o horizonte da felicidade.

LIÇÃO 16

RECONSTRUÇÃO EMOCIONAL

Quantas vezes você não achou que seu mundo acabaria ao se afastar de alguém?

Quantas vezes você acreditou não haver saída deste labirinto de emoções e sentimentos confusos?

Quantas vezes você ficou em dúvidas sobre sua força e resistência emocional?

Vamos ser sinceros, o término de um relacionamento é, sim, uma dor que, por algum tempo, pode nos estagnar. É capaz de nos paralisar e congelar quem realmente somos. Encurtar nossos passos e, até mesmo, nublar nossa visão do futuro.

Afinal, como se reconstruir sem aquela pessoa em que você investiu tantos esforços?

Como refazer a jornada sem contar com quem você tanta ama ou amou algum dia?

Com quem você fez planos, projetos e dimensionou todo um destino de realizações e sentimentos compartilhados?

Você tentou de todos os jeitos, forçou, amou por dois, mas chega uma hora em que cada parte precisa seguir o seu próprio percurso.

Cada um precisa se reconstruir emocionalmente, prosseguir sua própria jornada em busca da felicidade e daquilo que realmente faz sentido.

Não há como escrever uma história que nunca foi para "durar para sempre" ou durar o quanto você queria que durasse.

Nem sempre a história ou o enredo são do jeito que queremos.

Mas, tudo o que acontece é para acontecer, tem que ser assim, e essa foi a melhor forma indicada pelo destino.

O que há de ser, será. O que não serve, não servirá.

E a verdade é que decepções amorosas sempre poderão fazer parte de nossas vidas. Em um mundo imperfeito, quantas desilusões podem nos aguardar?

Não tem como saber, não tem como prever. Não existe uma linha do tempo pré-definida com acontecimentos pré-agendados.

O mundo muda, as circunstâncias se refazem e se modelam, as decisões se alternam e os caminhos são diversos.

Existem muitas estradas para percorrer, perceber, contemplar e seguir, a partir de escolhas e novas ilusões.

Há muitos sentidos em um e várias possibilidades em constante evolução na vida.

Vários trajetos para percorrer em busca de reconhecimento interno e de oportunidades futuras para encontrar e vivenciar o amor. Todas as formas de amor.

É preciso flexibilizar as escolhas e estar disponível para as oportunidades afetivas em progressão na vida.

Sabe qual é o nosso principal antídoto para essas decepções inesperadas e tão dolorosas?

Nunca acreditar que somos fracassados, que nunca seremos felizes com alguém, ou que nada dá certo para nós. Nunca diga nunca. Nunca aceite o nunca. Jamais seja refém de suas crenças ou comportamentos condicionantes.

Não se apegue às emoções tóxicas do passado e as suas prisões mentais ou emocionais.

Libere, liberte, aceite, acredite e viva novas experiências sempre que puder. O que passou, passou.

A reciprocidade pode não ter existido com aquela pessoa, mas o amor que brotou em você sempre será seu. O amor é somente seu e de mais ninguém.

Ele vibra no seu coração e pode se expandir, independentemente dos resultados que surgem e se manifestam em sua existência.

Não há condicionante, nem determinante para classificar a pureza dessa emoção e a clareza desse nobre sentimento no mundo.

Somos a fonte do amor, e azar de quem não conseguir se conectar. A maior conexão do afeto genuíno do amor está em você, com você e por você.

Amor é sintonia. Nunca desista dele.

Entre bilhões de almas, alguma há de se encaixar com você. Existirá compatibilidade de alguma forma: aceitação, simbiose emocional e efeito complacente.

O amor entrará em fase com alguém compatível aos seus anseios, aspirações, sentimentos, atitudes e comportamentos na vida.

Não tenha receio de nada, não se preocupe demasiadamente. Nada sufocará esta emoção transcendente que nasce dentro de você e se expande através da sua alma.

Acredite no amor, você é a maior prova viva dele. Você é a prova de sua existência e de sua manifestação universal.

LIÇÃO 17

VIDA QUE SEGUE!

Dói ver quem gostamos ser feliz com outro alguém. É algo quase inadmissível. Mexe com nossas entranhas, com nossas emoções ocultas e, sem dúvida, com as inseguranças do nosso próprio ego.

"Como assim, sobreviveu muito bem sem mim?"

"Como assim, encontrou outra pessoa?"

"Como isso pode acontecer?"

"Mas eu não era seu maior amor, sua alma gêmea, o amor da sua vida?"

"Isso não poderia estar certo. Em hipótese alguma, isso poderia estar certo ou estar acontecendo comigo. Realmente, isso não existe."

São incessantes indagações internas, mentais e conflitos emocionais que estarão presentes até você decodificar e ressignificar todo esse processo de percepção e de autoanálise.

Acreditamos que somos insubstituíveis. Apenas nós temos o direito de seguir a vida, o outro não. Porque o outro nos pertence.

Porque o amor do outro é exclusivo, restrito e condicionado ao que desejamos. Mas a vida não funciona assim e a roda das emoções também não.

Cada coração tem sua própria sentença que pode ser alterada a qualquer instante, independentemente do que acreditamos, aceitamos ou desejamos.

Porque o outro é singular e tem seus próprios anseios afetivos, independentemente daquilo que, teoricamente, nos faz bem ou traz um sentido maior de felicidade e segurança.

"Me deixar?"

"Não me procurar?"

"Não se arrepender?"

"Que absurdo é esse?"

"Não é possível que isto esteja acontecendo."

"Tenho todos os atributos e qualidades necessárias. Fiz o meu melhor, tive tudo a meu favor."

"O que poderia dar errado e mudar toda esta perspectiva? Não consegui admitir vê-lo com outra pessoa."

Mas a verdade é que a fila anda. Ela não perdoa ninguém. Ela é variável e se movimenta como uma onda. Para lá e para cá, com nuances e fatores incalculáveis.

Não está no nosso controle qual é o caminho que cada um vai acreditar ser mais conveniente seguir.

Não depende de nós as escolhas do outro.

Não cabe a nós definir tais circunstâncias ou decisões. Mesmo de quem se ama, amou ou buscou sintonia na vida.

Não está em nossas mãos, mas no coração, na atitude, na razão e na emoção do outro.

Em algum momento, todos nós já vivenciamos ou vivenciaremos alguma situação nada agradável para o nosso ego. Em alguma ocasião, vamos nos confrontar.

Desafiar o desejo do ego e enfrentar circunstâncias atípicas e antagônicas faz parte da vida, do aprendizado e da moldura da nossa personalidade.

O que nos resta é enfrentar. Encarar com sinceridade.

Olhar para nós, para a questão, racionalizar, administrar e assumir as consequências dos nossos próprios atos. Aceitar a natureza e a ordem natural da vida.

As correntezas do rio sempre fluem em alguma direção. E, nem sempre, vão ao sentido que queremos.

É preciso ter a humildade de entender que só fazemos parte de um processo e que não teremos sempre tudo da nossa maneira.

Diminua a arrogância. Diminua o medo.

Isso não diz nada sobre você. Pessoas seguem suas vidas, e não há nada que poderemos fazer para impedi-las.

Só nos cabe aceitar. Não resistir, não se degradar. Porque, no final de tudo, o que o outro escolheu viver não é da nossa conta.

Só nos resta respeitar.

LIÇÃO 18

SEM PIEDADE

Quando alguém decide não ficar, sentimos pena de nós mesmos. Sentimos uma tremenda rejeição interna, é quase um desrespeito aos nossos valores e as nossas ambições afetivas.

A sensação, muitas vezes, é de inferioridade, culpa, rejeição e tristeza. Uma mistura de sensações, frustrações e sentimento de incapacidade absoluto.

Percebemo-nos como alguém indesejável e intolerável.

O sentido de pena de si e piedade interna pode ser devastador para nossa natureza interior e para o fluxo da autoestima.

Mas, pense comigo, se você conhece todas as suas qualidades, pontos positivos e sabe tudo o que possui no seu coração, porque se diminuiria por isso? Faz parte não ser a escolha de alguém específico.

Por que você aceitaria reduzir suas qualidades, limitar-se ou se tornar refém de qualquer situação emocional que seja?

O que vale é o bem que faz você aos outros. O que buscou fazer, motivar e acreditar, em si e no outro, em prol da relação ideal.

Por isso, não se culpe, nem entre em uma espiral de julgamentos e críticas excessivas contra si.

Não vale a pena ter piedade de si. Mas, sim, amar-se e tolerar suas ações, com paciência, amor próprio e sinceridade.

Isso que você precisa avalizar e balizar em sua existência.

Se errou com alguém, provavelmente foi tentando acertar, então não se martirize ou se maltrate. Não se coloque na cruz, no calvário ou no limbo emocional.

Você merece ser feliz, livre e viver o autoamor em primeiro lugar.

Quando estamos em processo de evolução, entendemos que entregar o nosso máximo é tudo o que podemos fazer.

Dar o melhor é a única coisa que devemos e podemos fazer, independentemente da situação, circunstância ou eventualidade. Somos o que somos e o bem que fazemos em proporção ao amor que nos representa.

Se você não teve comportamentos legais no passado, aprenda a corrigi-los dia após dia. Essa máxima é válida, nos oportuniza e possibilita ressignificar nossos comportamentos e ações tomadas diariamente.

Você sempre pode mudar os resultados com novas atitudes. Pode ressignificar tudo, mudar o destino e a direção do vento, quando assim desejar e assim se portar.

Tudo depende de como você processa os eventos e acontecimentos marcantes em sua vida. De como lida, reage, age, responde e se comporta.

Basta observar, analisar, avançar e mudar, se assim for necessário, seus padrões de conduta.

O que você deseja na vida?

Como você quer mudar os resultados, se não muda as atitudes?

Você já está ciente disso e pode alterar os efeitos ao modificar a ação.

Este é o segredo para produzir variáveis na sua existência, de acordo com suas novas projeções emocionais e comportamentais.

Mas não se lamente ou sinta pena de si mesmo por muito tempo.

Lamente apenas pelo outro não querer estar do lado da pessoa incrível que você está se tornando.

Você está em primeiro lugar e sua mudança representa todo o esforço para avançar e progredir, diariamente.

Perceba toda a transformação interna que passou e valorize seu passe, fortaleça seu coração e aspire coisas ainda melhores. Você merece e está apto a receber, com certeza.

Se ame e entregue tudo o que possui a ponto de dizer: se você foi embora, sinto muito, mas perdeu uma grande oportunidade de ter uma pessoa maravilhosa ao seu lado.

Uma pessoa admirável que está em constante transformação. Lapidando a alma, o ser, o comportamento, a razão e as próprias emoções.

LIÇÃO 19

SIGA OS SEUS SENTIDOS

Todo mundo te avisou e só você não percebeu? Todo mundo disse para pular fora, mas você ainda assim insistiu e quebrou a cara?

Você não quis escutar, não *deu bola*, ignorou e fez prevalecer sua vontade. Valorizou o que pensava, o que fazia sentido e, ainda hoje, o que consolida seus próprios valores.

É bom que você tenha passado por isso. Foi horrível, você até cogitou evitar, mas não se desespere, é bom que tenha vivido essa experiência.

Seus instintos surgiram, mesmo que, no final, o resultado não tenha sido o que você esperava ou aquilo que imaginava. Sua cabeça foi sua sentença, com certeza.

Se tivesse ido pela cabeça das pessoas, poderia se sentir distante do seu coração. As suas decisões precisam ser somente suas. As escolhas te pertencem.

Os resultados são definidos por suas atitudes e não pelo olhar de outras pessoas. Seja bom ou ruim, tudo depende de você e de sua autonomia.

São as suas emoções, a sua razão e as suas atitudes que lhe convém, as responsáveis pela construção da sua jornada.

Nunca se esqueça disso. Nunca evite aquilo que enobrece a sua alma e a sua capacidade de tomar decisões próprias.

Algumas coisas, nós precisamos vivenciar, mesmo, por mais desastrosas que sejam. Por mais doloridas e tristes.

É necessário adquirir a nossa própria percepção de alguns fatos, para que passem a fazer sentido na nossa cabeça.

É preciso fazer sentido para nós e não para os outros. Temos que seguir os nossos sentidos e não a multidão.

É preciso assumir o risco, a responsabilidade e aceitar as consequências se você deseja experimentar sua liberdade emocional.

Decepções vêm para mostrar exatamente o que queremos suportar ou não. O externo nunca vai poder ditar o que devemos fazer.

O que deve imperar são suas emoções internas, aquilo que você sente, percebe e busca em sua vida. Você é o regente de si e os resultados externos são apenas consequências do que vibra na sua essência.

Alguém pode até dizer que caviar é gostoso, mas você só vai saber com propriedade se provar. Na vida é assim também: sem vivenciar, fica difícil saber.

Você precisa provar e experimentar aquilo que busca e deseja para, assim, fazer suas escolhas, seguir sua intuição e as diretrizes da sua cabeça e de suas decisões autônomas.

Não pule experiências e não busque atalhos. Você passou exatamente pelo que deveria passar para ser fortalecido nos desafios da vida, do afeto e do amor.

Nem nossos pais poderiam nos impedir de cabeçadas pontuais. Ninguém tem esse poder. Ninguém, a não ser você mesmo, tem essa insígnia.

O que deve te orientar são suas decisões, escolhas e os seus momentos de sabedoria a serem lapidados. Você tem uma bússola dentro de si. Basta olhar.

Você é a sua própria cobaia, porque não poderia ter outra. Você é o seu laboratório emocional de experiências, ações e atitudes.

Ninguém vai conseguir sentir suas dores por você, suas conquistas como você, suas desilusões, igual a você.

E sabe a única coisa que realmente te resta? Amadurecer no processo. Aprender com cada tropeço e seguir a sua caminhada.

Sua jornada pode e será linda, se você assumir quem é, o que quer e o que busca, de verdade. Sendo autêntico, sincero e pleno.

Só quem se entrega de verdade consegue ter a constante sensação de que viveu fazendo o melhor que podia.

O melhor é fazer o que seus instintos e sua mente sugerem.

LIÇÃO 20

SUPERE-SE

É triste ver alguém te esquecendo enquanto você ainda sente um amor imenso por esse alguém. É triste ver o seu sentimento negado pelo outro.

Dói muito observar esta situação. Mas ninguém está livre disso.

Possivelmente, todo mundo já viveu ou passará, inconformadamente, por essa experiência. Dói ver o outro *saindo*, *curtindo* e conversando com novas pessoas.

É desesperador e devastador pensar que tal pessoa poderá se apaixonar de novo e, dessa vez, com grandes chances de não ser por você.

O sucesso do outro, nessa empreitada afetiva, às vezes, pode incomodar e mexer com sua vaidade, com aquele instinto de dominação.

Por que ele consegue seguir enquanto eu fico mal? Será que esse outro parou de olhar para o passado enquanto eu escolho ficar agarrado às velhas histórias?

Será que não estou carregando fardos pesados demais? Será que mereço continuar com essas comparações? E quanto a mim? Como me levantar?

Será que estou sendo negligente comigo, com as possibilidades que o mundo oferece e com o renascimento dos meus sentimentos afetivos?

É triste sentir saudades e não ter retorno. Digitar mensagens e não enviar. *Stalkear* as fotos na internet e não poder abraçar.

Viver com a imagem ilusória e holográfica de alguém que não está mais fisicamente perto. Sem abraços, sem beijos e ainda com outra história de amor paralela a sua.

Mas acredite, você também pode se soltar. Estas amarras que soltaram o outro também podem libertar você.

Você pode transcender toda essa prisão mental e emocional. Liberar o amor, a vontade, o desejo e a possibilidade de reconhecer alguém que espelhe suas necessidades.

Não permita que essas necessidades continuem te segurando com tanta intensidade. Busque formas de se desvincular.

Resgate as suas forças, um dia de cada vez, um passo de cada vez. Cada novo estímulo, intenção e ação podem liberar o desejo por uma nova história positiva de atração.

Agradeça pelo passado, mas não tente viver para sempre nele. Alguns ciclos se encerram para que novos possam começar.

O que tiver que estar ao seu lado, de alguma forma, te encontrará.

A vida sempre traz aquilo que é nosso, por mérito e por livre ação. O que será seu virá, tenha certeza absoluta disso.

O QUE A SOLIDÃO TE
ENSINA, PARCEIRO
AFETIVO NENHUM
PODERIA TE
ENSINAR .

LIÇÃO 21

O QUE TE FAZ FELIZ?

A maioria de nós já teve a sensação de que precisava fazer alguém do passado se arrepender de não ter nos valorizado como gostaríamos.

De motivar esta pessoa a repensar, reavaliar e mudar até mesmo uma decisão já tomada.

É como se o arrependimento dessa pessoa tivesse o poder de desativar qualquer sensação de inferioridade que tenhamos sentido ou ainda sentimos em algum momento.

Como se você pudesse voltar ao passado, eliminar aquela sensação de desprezo, de rejeição ou de menos-valia.

Você precisa mesmo do arrependimento do outro para ser feliz e se satisfazer?

O que falta, dentro de si, para solucionar esse aspecto subjetivo?

A questão é que isso não passa de uma ilusão.

Primeiro porque nada do que você fizer poderá garantir que esse sujeito, realmente, vá se arrepender.

Nem mesmo o arrependimento dele poderá resolver algo mal resolvido dentro de você. E, segundo, porque você vai direcionar toda a sua energia só para suprir um capricho passageiro do seu ego.

Por que você precisa esmiuçar isso e forçar a resolução de um entrave emocional?

Sua felicidade está condicionada ao desempenho afetivo e à maturidade do outro?

Por isso, procurar pela nossa real felicidade é muito mais assertivo do que fazer algo para chamar a atenção de alguém.

Tudo o que você faz espelha no mundo e respinga na vibração dos outros.

Não que seja necessário harmonizar-se para despertar o interesse ou a atenção de alguém. Porque isso é apenas consequência, é resultado de suas ações, das respostas do seu sistema interno e motivacional.

Se o outro vai te ver alegre, não é porque você forçou, mas, sim, porque você tornou a sua vida tão incrível a ponto de não precisar mais que ele se arrependa para você se sentir feliz.

É consequência de quem você se tornou, do que criou internamente e projetou em sua vida.

Tire o foco de quem se foi. Não temos nada a provar para ninguém além de nós mesmos. Nem mesmo a nós mesmos, muitas vezes, precisamos provar algumas coisas. O que importa são os momentos, a felicidade, a experiência da vida, o que aprendemos, o caminho que trilhamos e nosso amadurecimento humano.

O amor, a paixão ou o afeto são apenas consequências naturais.

LIÇÃO 22

SIGA, MESMO NA INCERTEZA

Aí você paralisa a sua existência por alguém que escolheu não estar mais ao seu lado e acredita que assim terá mais chances de reconquistá-lo.

Sua vida fica travada, seus interesses congelam e você desiste de progredir, mesmo que inconscientemente. O mundo parou quando você parou.

Onde tudo isso vai te levar?

Até que ponto vale a pena?

O que vai mudar se você parar sua vida e esperar por alguém incerto, permanecendo na completa insegurança?

A verdade é que as pessoas gostam de ver que o outro tem uma vida acontecendo sem elas. Interessante, particular e autêntica. Bisbilhotar faz bem para alimentar os desejos ocultos do ego.

É quase uma autoafirmação de que você sempre esteve certo, mesmo sem saber disso: "ele vai encontrar alguém melhor do que eu".

Será mesmo? Será que o que funciona hoje para ele, antes não funcionava com você? É apenas uma questão de ótica e de percepção da vida.

Talvez ele não sirva aos seus parâmetros e, mesmo assim, você insistiu. Só que isso será revelado com o tempo. O que houve foi melhor para ambos. Para um e para outro.

A felicidade dele deve inspirar você e não te afligir.

A felicidade real é sempre compartilhada.

Até um ser humano egocêntrico perderá a empolgação com alguém que simplesmente só respira o mesmo ar que ele. É preciso emergir para a luz e para o horizonte da paz.

Manter e preservar a individualidade, independente se isso custa o caminho mais solitário momentaneamente.

Por mais difícil que seja, encontre uma maneira de fazer a sua vida seguir adiante4 Isso não significa forçar um novo relacionamento, mas, sim, ter outros planos e metas diferentes para si.

Recomeçar, se reinventar. Fazer o seu melhor com as possibilidades que tem hoje. Batalhar para tornar a sua vida incrível. Isso nunca falha.

Não paralise. Não se feche para a vida. Sempre existirão novas chances de felicidade. Não se abandone.

Não deixe de viver para impressionar ou viver a vida de alguém. Não vale a pena. A felicidade sempre vai encontrar um jeito de te achar.

LIÇÃO 23

EXPANSÃO, MUDANÇAS E ACEITAÇÃO

Chega uma hora em que não dá mais para manter o nosso foco no mesmo lugar. É preciso expandir e respirar ar fresco.

Tem momentos na vida em que precisamos de mais oxigênio. Queremos novos horizontes, paisagens e pontos de vista diferentes. Precisamos diversificar o olhar, as indagações e os resultados obtidos.

Buscar mais profundidade e amplitude. Outras possibilidades potenciais e recursos diversos. Limpar e aspirar as emoções para o lado de fora da atmosfera da vida.

É como se necessitássemos de uma faxina da cabeça aos pés. Nada mais está vestindo igual. Nada mais está se encaixando igual. Nada mais serve. Nada mais faz sentido.

Por isso, se faz necessário reciclar e reverter o fluxo dos processos pessoais. Você precisa transmutar e passar por uma grande metamorfose.

Precisa criar uma nova versão de si, mais precisa, perspicaz e imponente. Caso contrário, vai rodar sem direção na vida. É necessário ventilar novos ares de prazer.

Mudanças são necessárias o tempo todo. Fazem parte da vida e de seus ciclos corriqueiros. Sua natureza precisa mudar, se transpor e perseverar.

Chega um momento em que se nada muda, percebemos que quem precisa mudar somos nós. Precisamos provocar uma mudança interior.

Nessa hora, colocamos o foco em encontrar a nossa paz interior. Saímos do modo "desespero" e queremos apenas um pouco mais de silêncio com as nossas ideias.

O silêncio harmoniza as estações da vida e permite transcender livremente. Sem ansiedade, preocupação ou qualquer monotonia.

Precisamos nos reiniciar. *Resetar* tudo. Precisamos tirar a atenção do que está nos sufocando. Precisamos de voos livres, altos e independentes.

Precisamos menos dos outros e mais de nós mesmos. Estaremos em busca de calmaria. Afinal, a paz nunca é demais.

A harmonia interior é o melhor lugar a se buscar. A paz rejuvenesce o ser, a existência, o espírito e a mente. Liberta a alma de condicionamentos e esclarece as dúvidas pertinentes a todas essas mudanças notórias.

Equaliza os sentidos e organiza as próprias percepções.

Pois a saída deste labirinto está dentro da mente, na emoção genuína do coração e no amor incondicional em ressonância com nossa natureza interior.

Você encontra a luz que busca para autentificar sua existência e encontrar a independência afetiva quando acalma as emoções, fortifica os pensamentos e entra em sintonia com sua essência interior de puro amor.

LIÇÃO 24

LIVRE

Você ficou triste. Se lamentou. Achou que aquela era a sua última chance de alegria na vida. Ficou insuportável viver esta sensação de agonia, angústia e destemperança.

Levantar parecia missão impossível. Você se desesperou. Chorou incontáveis vezes. Contou tudo para os amigos em dezenas de formas diferentes. *Viralizou* sua emoção ao mundo, compartilhou seu sofrimento sem qualquer receio.

Repetiu a mesma história na cabeça por meses. Imaginou outros finais mais felizes. Tentou voltar no tempo, tentou parar o tempo, tentou apagar tudo da memória. Tentou zerar e regressar ao ponto inicial.

"Por que isso está acontecendo comigo?"

"O que fiz para merecer?"

Perguntava-se, por diversas vezes, mas não encontrava a resposta.

A resposta nunca veio e você ainda ficou desiludido com a vida, com os relacionamentos e com as pessoas.

Percebeu que ninguém poderia te ajudar a levantar. Percebeu que teria que se recuperar sozinho.

Percebeu que esta missão era única e exclusiva sua. Ninguém mais tinha esta solução. Ninguém mais deveria fazer além de você mesmo.

Então você respirou, contou até 10, colocou um sorriso no rosto e entendeu que ainda tinha muita vida pela frente.

Mas agora sua bagagem estava maior. Sua bagagem era mais experiente, mais resiliente, tinha mais consistência para enfrentar qualquer desafio ou circunstância.

Seu repertório de tristeza se transformou em força, inabalável. Você olhou pela janela. Reparou no céu. Sentiu que era hora de voar. Voou longe, livre, leve, solto e totalmente consciente.

Sacudiu a poeira, colocou sua melhor alegria. Investiu em si.

E, por fim, entendeu que queda nenhuma seria capaz de te paralisar. Que nenhum tombo o impediria de levantar, novamente.

Que nada, nem ninguém, poderiam impedir seu progresso pessoal e seu amadurecimento afetivo no mundo.

LIÇÃO 25

FLORESÇA

Você não pode continuar abraçado com o que te adoeceu. Preso ao que te feriu e te faz mal. Pleno e integrado ao que não te serve mais ou nunca serviu. É hora de se libertar, de ampliar o horizonte e fugir de qualquer amarra.

Você não pode continuar segurando o que te machuca. As paredes estão desmoronando e, ainda assim, você tenta impedir como se fosse capaz. O ferimento só fica pior.

A ferida só aumenta e não vai cicatrizar desta forma.

Não dá para ficar saudável permanecendo em um ambiente doentio.

Não adianta só cuidar da sua aparência enquanto a sua alma vai virando sucata.

Não é possível buscar sanidade em uma atmosfera de dor e de sofrimento.

Se você quer se sentir curado, precisa, primeiro, identificar o que causa a ferida para tornar-se capaz de eliminar.

Identificar o que o tem magoado, ferido e a machucado.

Você precisa saber o que está te incomodando, qual situação ou quem não tem mais os parâmetros adequados ao seu novo momento.

Essas angústias são um alerta para que você possa repensar e remodelar o que deseja para a sua vida.

Às vezes, tudo o que você precisa é parar um pouco e respirar.

Onde a sua alegria se perdeu?

Em qual momento, a vida pareceu ficar mais difícil?

O que precisa ser descontaminado?

O que você precisa purificar, eliminar, destravar e onde precisa abrir espaço?

O que falta para você tomar essa essencial decisão?

O que você precisa fazer hoje para ser mais feliz e se sentir, definitivamente, livre?

Aprenda a soltar os espinhos.

Escolha ser luz. Escolha florir e não se apagar.

LIÇÃO 26

SEM VINGANÇAS!

Não há porque desejar o mal. Não há porque dar o troco.

Eu sei que o sentimento é ruim, que a raiva vem, mas não fique alimentando isso. Não crie uma capa de lamentações emocionais em volta de si. Isso não vai te proteger, nem esconder seus reais sentimentos.

Não vale a pena retribuir com o mesmo rancor, com a mesma raiva, com tamanho desdém. O tempo cura tudo, o tempo liberta e a vida traz as respostas na hora certa.

Quem tem valores distorcidos ou uma vida sem sentido se machuca todos os dias sem perceber.

Quem inverte os valores e não encontra sentido interior se fere, mesmo sem querer, causando dor e sofrimento sem fim.

Quem machuca as pessoas está extremamente machucado. Ninguém precisa pagar o mal com o mal. Ninguém precisa atirar uma pedra em resposta à pedra que atiraram primeiro.

Não precisamos revidar, agredir, devolver o mesmo mal.

Ei, preste atenção:

Não seja quem você não é para responder ao que te feriu. Seja você mesmo e valide suas ações com amor e esperança.

Existe algo muito maior do que nós vendo tudo. Existe uma lei acima de nós que não falha. Existe plantação e colheita para todos.

Humanos são falhos, sim, mas as consequências chegam para todos de alguma maneira.

O universo sabe de tudo e manda para cada um aquilo que esse alguém vai precisar viver. As leis são máximas e precisas. O que vai, volta. O que se cultiva, se colhe.

Esta é a máxima incrível do universo e o espelho da vida, com certeza.

Seja fiel aos seus valores e ao amor interior que floresce todos os dias no seu coração. Você deve olhar para dentro de si e observar o que realmente importa.

Não fique se torturando ou se desgastando pelo mal que te fizeram. Isso só vai te deixar pior. Não exceda às críticas a si. Não vale a pena.

Não ofenda sua moral, não desmereça seus valores ou ideais. Não vale a pena. Seja você mesmo, autêntico, generoso e benevolente.

As pessoas agem de acordo com os seus recursos e, por piores que eles sejam, são tudo o que elas possuem. Tudo o que elas podem dar.

É preciso reconhecer esse valor, também. Cada um dá o que pode no mundo. Cada um entrega o que há para entregar e nada mais.

Deixe para lá. Releve. Não se martirize mais. Quem machuca ou faz algo extremamente negativo já está machucado, por mais que você ainda não consiga perceber. Siga em paz.

Vingança nenhuma vale mais do que a sua felicidade. Vingança nenhuma vai elevar sua paz interior ou embelezar a sua aura espiritual.

LIÇÃO 27

SIGA SEUS PLANOS

Antes de tal pessoa chegar, a sua história já estava sendo escrita.

Então, independentemente de ela ficar ou não, a sua caminhada vai continuar. Sua jornada precisa seguir e avançar.

Não existe outra possibilidade. Pois tudo progride, se expande e avança na vida, no universo e nas relações humanas. Existe um fluxo a seguir.

Você já existia antes desse alguém aparecer e vai continuar existindo sem ele, caso essa seja a vontade da vida. O processo é natural e o fluxo persistente.

Não se esqueça dos planos que tinha com você mesmo.

Não esqueça a sua essência e seus anseios. Você é único e deve valorizar seus potenciais. Deve seguir seus instintos e buscar sua felicidade.

Você deve seguir seus objetivos e destino programados. Deve desenhar o que deseja e manter-se firme dentro de suas convicções.

Você tem sonhos e objetivos que permanecerão no seu coração independentemente de quem se for ou de quem escolher ficar.

Independentemente do que te falarem, do que te for negado ou separado de você. Tudo sempre se tratou, sempre se tratará e se trata de você.

Não jogue tudo isso para o alto porque algo não deu certo. Não desista, não bloqueie o amor, sua felicidade ou suas conquistas.

Continue confiando no seu caminho, continue sendo uma boa pessoa, mesmo que isso inclua desistências doloridas.

Siga firme, forte e convicto.

Siga sua jornada, sua trilha pessoal, seu caminho em busca daquilo que realmente quer e deseja para sua vida. Continue a perseverar.

As pessoas podem passar, mas nós sempre ficamos.

Essa é a única certeza, essa é a única garantia, não se perca dela.

Não se perca de você, não se distancie da sua verdade.

LIÇÃO 28

SEM CONTROLE

Checar se o outro *está on-line* ou visualizou a sua mensagem, a cada cinco minutos, é desgastante. Vira obsessão. Vira solidão. Vira loucura e insanidade emocional.

Checar se atualizou o perfil na rede social, se interagiu com alguém, se te *mandou algum whatsapp*, se enviou algum sinal de vida: tudo isso acaba trazendo muito mal-estar. Traz angústia, mais incertezas e insegurança.

A cada vez que você olhar e não ver algo que te agrada, a frustração vai bater forte. A cada vez que fuçar as coisas do outro e só encontrar um vazio, a tristeza vai chegar.

A cada vez que perceber que a pessoa está on-line, mas não fala com você - nem um assunto, nem uma palavra, - o desânimo será gigantesco.

Se não reverter esses pensamentos, você será tragado por um sentimento enorme de menos-valia, autoengano e depreciação.

Não faça isso com a sua energia. Não se permita ficar tão empenhado nessa missão. O controle das atitudes do outro não está com você. O controle do que o outro faz, pensa, sente ou age não depende de você.

Busque outras tarefas, vá cuidar do seu coração, vá ouvir música, vá cuidar do seu intelecto, vá estudar, vá ler, vá refletir, vá buscar formas de evoluir. Não estacione no que te deixa ansioso. Preserve-se.

LIÇÃO 29

SEJA ESPECIALISTA

Aprenda a se tornar um especialista na arte de superar e seguir. Mesmo que não seja, exatamente, o que gostaria, mas é a melhor opção ao invés de ficar muito tempo se lamentando. Mais do que isso, é necessário aprender a superar-se à procura da própria luz.

Algumas desilusões machucam mesmo, trazem alguns traumas, pioram os nossos medos, geram mais insegurança, mais conflitos, mais incertezas e mais confrontos emocionais internos e externos.

Só que precisamos trabalhar tudo isso mesmo assim. Não podemos virar um esboço das nossas decepções. Não podemos virar um rabisco sem sentido em uma folha de papel em branco.

Precisamos criar nosso próprio enredo, ajustar o roteiro e estruturar os pilares do destino. A resposta está dentro de nós, assim como a força para superar.

É preciso olhar para o que foi machucado. É preciso refletir no que foi desorganizado. Somente *jogar para debaixo do tapete* não vai adiantar. Jogar para o inconsciente não vai resolver nada. Apenas trará mais ilusão.

Dê novos significados. Elabore interpretações mais inteligentes. Tenha uma visão mais apurada e positiva. Organize-se emocionalmente.

Reinvente-se. Construa uma versão ainda melhor de si. Isso é o que nos faz seguir em paz. Isso é o que buscamos.

LIÇÃO 30

O QUE FAZER QUANDO TERMINA?

Términos são sempre difíceis. Términos são desgastantes. Términos, ironicamente, algumas vezes, parecem nunca terminar. São frustrantes quase sempre.

No começo é sempre uma bagunça: dói, machuca, confunde, reprime, cria mal-estar, desajuste, descontrole e insatisfação geral.

"E agora"? "Excluo as fotos do meu perfil? " "Apago o contato do celular? " "Bloqueio nas redes sociais? " *"Tiro o status* do Face book? " "Fujo para as montanhas? " "Sumo do mapa? " "Desapareço? " "Entro em colapso? "

"Quem eu sou?" "Como me reestruturar? " "E os planos de férias, sonhos de casamento e família?

"E tudo o que criei na minha mente, programei, projetei e sonhei ilimitadamente?" "O que faço com todos esses planos? "

"Como existir sem esse alguém que fez tão parte da minha vida? "

"Será que consigo?"

"O que dizer para as pessoas?"

"Será que ele volta?"

"Será que ele se lembra de mim?"

"Será que pensa em mim?"

"Será que ainda me ama?"

Nesse começo, você precisará trabalhar no processo de aceitação dessa nova condição. Aceitação, acolhimento de si, apoio e autoestima.

A sua "identidade" conhecida se modificou, mesmo que a decisão não tenha sido sua. Você será, mais uma vez, esculpido por sua nova vida.

Sua personalidade conjunta e agregada não é mais a mesma. Você não será mais identificada em conjunto com quem esteve, estava e amou.

Você vai precisar se individualizar novamente para resgatar sua originalidade. Não que a tenha perdido, mas fracionado na relação.

Será preciso lidar com sentimentos como negação, raiva, tristeza, medo e coisas mais. Não adianta fingir que não está sentindo, que nada aconteceu.

Não adianta mentir para si mesmo, nem para os outros. Seu estado emocional, espiritual e energético reflete constantemente ao externo. Para diminuir o sofrimento, você precisará encará-lo.

Olho no olho, sem desviar a atenção. Vai ter que aprender a resolver o que te faz lamentar.

Vivencie essa perda da forma que for mais acessível a você, buscando a compreensão das verdadeiras razões pelas quais esse relacionamento deixou de funcionar.

Dia após dia, já não doerá como antes. Não porque você passou uma borracha, mas, sim, porque se tornou ainda mais forte com essa experiência.

NÃO ESPERE RECEBER AMOR DO MESMO LUGAR ONDE DEPOSITOU. ESSE AMOR PODE VIR DE QUALQUER LUGAR, INCLUSIVE DA FONTE QUE TRANSBORDA EM VOCÊ.

LIÇÃO 31

OLHAR INTERIOR

Quando você fica sozinho, você é obrigado a olhar para dentro de si. Talvez, seja por isso que tanta gente "corre" de uma possível solidão. Talvez, por isso, pouca gente goste da solidão e desse autoenfrentamento.

Se percebo que vou ter que me encarar, fico preocupado em não dar conta, e busco no externo coisas e pessoas para me distrair e me anestesiar.

Busco o que não condiz com minha essência, com o que, realmente, preciso para me curar e sarar as minhas feridas. Para me libertar.

Porque é mais fácil, mais prático e mais acessível. Mesmo que isso não condiga com a realidade.

É óbvio que se você não tirou tempo ao longo da vida para olhar para o seu interior, você não se organizou como deveria. Não normalizou nada.

Você nunca parou, nunca fez uma autoanálise, nunca se permitiu observar sua natureza interior. Nunca quis passar por isso, com medo da solidão.

Quem é você?

Quem você deseja ser?

O que você precisa fazer para reconhecer-se plenamente?

Isso acaba trazendo medo em um primeiro momento. A bagunça parece ser grande. Por isso, vamos buscando, o tempo todo, situações para socializar.

Momentos para descontrair e desviar a própria atenção desse confronto.

Só que se não passar por períodos de silêncio, você não vai conseguir compartilhar coisas boas com as pessoas. Se não estiver organizado, você acaba sugando mais do que oferecendo.

Precisamos desse contato com nós mesmos. Precisamos nos recolher de vez em quando. Esse distanciamento social é saudável.

Não fuja, não se distraia. Você precisa olhar a cada dia mais para você.

Você precisa perceber quem é, o que deseja, aquilo que busca e pretende desenvolver consigo na relação, no mundo e em todos os horizontes.

LIÇÃO 32

NÃO IDEALIZE DEMAIS!

"Se ainda estivéssemos juntos, eu estaria feliz."

"Se tal alguém estivesse ao meu lado, certamente não teria como dar errado".

"Se tal alguém tivesse me escolhido, teria sido incrível".

Se aquela pessoa não avançou nem para a página 2 com você, quem te garantiu que o livro inteiro seria incrível? Não dá para saber a resposta.

O que assegurou um conteúdo impressionante para esse livro e uma dinâmica maravilhosa? Nada, simplesmente. Não há garantia alguma nisso.

É impressionante o quanto o outro fica incomparável e cristalizado na nossa cabeça quando as coisas ficam mal "acabadas", o quanto fica congelado na mente, nas ideias e nas emoções paralisantes.

É como se ficasse aquela imagem de que a vida só seria boa com aquela pessoa "x", então todo o resto perde a graça. Todo o resto fica despretensioso e inoperante. Sem função, necessidade ou condição. Sem ação determinante, sem qualquer realização.

Todo o resto deixa de fazer sentido e a vida perde, totalmente, sua importância e relevância. Quanta limitação! Quanto foco exagerado!

Na fantasia, tudo é muito mais lindo, mesmo. Podemos criar o que quisermos. Na mente, no coração, nas emoções e nos sentimentos, tudo é possível.

Vestir o outro de "amor da vida", "beijo sem igual", "romance que nunca com mais ninguém chegará aos pés", "relação incomparável", "carinhos inigualáveis". São tantas alegorias e possibilidades propostas pela ilusão.

Então, o tempo vai seguindo e você percebe que não há garantias e que poderia, sim, ter se frustrado muito, caso aquela relação realmente perdurasse.

Teria mais problemas, mais desgastes e decepções. Perceba que modelos reais sempre terão dificuldades, além da necessidade de adaptação e parceria.

Não há protótipo perfeito, nem modelo ideal. Mas uma conjugação de elementos pré-dispostos. Sobretudo quando há sinergia, empatia e compaixão compartilhadas.

Algumas relações ficarão pelo caminho porque simplesmente não teriam como se desenvolver mais do que aquilo mesmo.

Chegaram ao máximo, ao extremo, ao limite do ciclo evolutivo, à plena manifestação.

Não fique estagnado nessas histórias idealizadas. Há sempre outras pessoas no mundo. Vá viver o que é real. Vá viver o que a vida oferece.

LIÇÃO 33
FORTALEÇA SEU POTENCIAL INTERIOR

Ficar potencializando o quão vítima nós somos das circunstâncias só vai nos viciar em acreditar que nada nunca vai dar certo. Isso não vai adiantar.

Ficar somando a própria vitimização não leva a nada e a nenhum lugar. Não leva a objetivo algum, nem aonde queremos estar.

Precisamos procurar soluções ao invés de esperar que, *quem sabe um dia*, venha alguém para nos salvar e seja nosso salvador afetivo.

Não precisamos de salva-vidas emocionais, de amores heroicos ou de autorresponsabilidades transferidas. Não precisamos ser dependentes.

A verdade é que ninguém vai fazer isso por nós. Essa tentativa de tentar mobilizar os outros e de tentar transferir as ações é inválida.

"Se tal alguém ver que estou mal, talvez mude de ideia".

"Se tal alguém sentir o quanto eu o amo, vai sentir pena de mim e se sensibilizar, podendo me amar".

Usar esses artifícios é algo natural desde que nos conhecemos por gente.

A questão é que precisamos reconhecê-los para que seja possível alterar essa visão distorcida de que o sentimento de pena é favorável a nós.

Entenda que, no fundo, essa forma de defesa te paralisa, te acomoda e te faz acreditar que tudo é difícil, ao invés de te fazer procurar soluções para os seus problemas e dificuldades.

Isso não deve, em hipótese alguma, congelar suas ações.

Você não é vítima de nada, não sinta dó de si mesmo. Lute. Não se entregue tão fácil assim, não se coloque como frágil em todas as situações.

Fortaleça o seu interior. Procure ajuda. Acredite no seu potencial.

Cresça, evolua, acumule conhecimento e sabedoria, aceite-se, aprenda mais e mais, seja você mesmo e busque sua felicidade com autenticidade.

LIÇÃO 34

NOSSAS ESCOLHAS

Quer culpar alguém pelo mal que te causou? Então culpe também por tudo o que te trouxe no geral, desde alegrias, dias felizes, momentos difíceis com muito aprendizado e ensinamento. Tudo é uma coisa só.

As pessoas não nos obrigaram a ficar com elas, foi a nossa escolha. Ficar se sentindo inferior não nos ajuda em nada. Remoer não resolve nada.

Não é justo focar somente nas coisas ruins. Não é justo focar somente nas suas sombras. Não é inteligente olhar apenas para o que deu errado como se a vida estivesse querendo acabar com você.

Não faz sentido nada disso.

E as bênçãos que você viveu até hoje? Não contam?

E as boas escolhas que você fez até hoje? Não servem?

E a pessoa que você se tornou no processo? Não vale?

E o tanto que você aprendeu e amadureceu com a vida? Já se esqueceu?

Cuidado ao acreditar que está no tempo errado, quando, na verdade, está só começando a melhor fase da sua vida.

Quem disse que existe algum tempo preciso?

O tempo não passa de uma ilusão para fracionar as ações da nossa vida.

Agradeça até pelos dias de sofrimento pois, sem eles, você não chegaria onde chegou agora. Agradeça pela oportunidade de aprender e de ressignificar.

Agradeça por todas as experiências e aprendizados que passou. Todas elas fortaleceram sua existência e te transformaram em quem você é hoje.

LIÇÃO 35

O BEM DISFARÇADO

Na maioria das vezes, ficar sem um emprego, um bem material, um amigo ou um relacionamento é uma baita sorte, mas você não poderá perceber isso imediatamente.

Você não estará sensível para isso, nem perceberá que isso pode ser uma dádiva alcançada por mérito existencial. Será preciso maturidade para reconhecer.

Mesmo quando parece estar tudo fora do lugar, ainda sim, está tudo bem. Só que não conseguimos ter essa percepção. Nos desesperamos, achamos que é o fim do mundo. Nos angustiamos, nos depreciamos e nos afundamos no vazio.

Às vezes, o teto vai desabar, mas segurá-lo tentando impedir que desmorone trará machucados maiores. Trará efeitos ainda mais adversos.

É preciso assistir e aceitar alguns desastres que acontecerão em nossas vidas. Nem sempre poderemos fazer algo para mudar. Nem sempre poderemos mudar.

Existem coisas que são aleatórias, que não dependem de nós, nem do nosso esforço, nem da nossa dedicação e nem do nosso desejo. São frutos do acaso e da dinâmica da vida.

Quando parecer muito desesperador suportar, questione: "o que essa situação pode estar querendo me ensinar e estou me recusando a aprender?".

"Para o que esse episódio quer chamar a atenção e o que quer despertar dentro de mim?

A dor é tudo o que mais tememos, mas, também, é do que mais precisamos. É o que lapida nossa existência, nos faz pensar, refletir, sentir, amar, mudar, nos transformar e mudar, até mesmo, as perspectivas consolidadas.

Os dias difíceis trazem uma mensagem, pequenos desafios, mas ficamos resistentes em aprender. Quanto maior a resistência, maior o sofrimento.

Quanto maior a luta, menor a liberdade. Você precisa se deixar levar pelo fluxo das coisas, pela energia da vida e pela maré natural. Deixe fluir.

A vida te desafia a acordar para potenciais que estão adormecidos em você. Desafia você a florescer e acessar dimensões que, sem esse empurrão, não conseguiria compreender. Não conseguiria sequer avançar em sua jornada.

Nossa jornada é assim mesmo: caímos, nos levantamos, subimos, descemos, sorrimos e choramos. Enfrentamos, superamos, crescemos, aprendemos, evoluímos, desejamos e compartilhamos. Um processo contínuo.

Mas tudo o que recebemos são presentes do universo para o nosso desenvolvimento, só que, nem sempre, será fácil abrir a embalagem. Nem sempre será fácil encontrar o tesouro que nos é reservado e garantido.

O seu medo quer te mostrar quem você realmente é.

Tudo coopera para o seu bem, por mais difícil que seja acreditar.

Tudo tem sintonia.

LIÇÃO 36

TUDO VAI PASSAR

Você, primeiro, precisa ter os pensamentos certos, os sentimentos equalizados e coerentes. Precisa saber o que sente e o que pensa a seu respeito.

É necessário tomar a decisão de superar alguém. É preciso agir.

Não adianta só dizer que quer esquecer, mas ficar se vinculando àquele indivíduo a todo segundo. Vincular seu coração e sua mente sem controle.

Pensando, sentindo, analisando, vislumbrando, observando e querendo, mesmo que, inconscientemente. Você precisa desatar os nós.

Depois que começar a ter uma linha de raciocínio que te beneficie, será a hora de desvincular as emoções ruins que te associam a essa pessoa.

Será a hora de se libertar daquilo que ainda está impregnado no seu ser. Do que te prende emocionalmente e energeticamente.

Não dá para querer superar um sujeito em quem você fica acumulando rancor e mágoa, isso também vai te atrapalhar. O amor une, mas o rancor separa.

É preciso liberar toda mágoa, ressentimento, rancor, raiva ou discórdia.

Vá aos poucos mudando a sua mentalidade. Vá aos poucos colocando essa pessoa em uma área mais indiferente da sua vida. Coloque tudo em uma caixa invisível, em uma gaveta imaginária de emoções.

Então, guarde-a, deixe tudo organizado e tranque todas essas mensagens. Você não precisa mais acessar o que te prejudica, te machuca, te fere ou condiciona seus pensamentos. É possível esvaziar e ressignificar tudo.

Vá fazer cursos, estudar, viajar, passear no parque, se conhecer. Gradualmente ficará mais fácil.

E quando menos se der conta, será você que não fará mais a menor questão de ter esse alguém por perto. Esse dia sempre chega. Pode acreditar. É algo natural e constante.

LIÇÃO 37

UM NOVO VOCÊ

Não tem nada tão fora do lugar assim. Você só andou meio perdido pelo caminho, mas isso também fazia parte do seu amadurecimento. Fazia parte da sua evolução e do seu aprendizado.

Essa nova versão vai exigir que você passe mais tempo com você. Essa nova versão vai te pedir que fique mais em silêncio, mais centrado, mais concentrado e mais equilibrado. Vai exigir que você observe a si mesmo, suas reações e seus gestos.

Você já não vai fazer muita questão de tanto barulho, já não vai mais se importar com os holofotes ou com os julgamentos das pessoas.

Já não vai mais priorizar os outros em detrimento de si mesmo. Você vai perceber que nasceu para fazer o bem, aceitar o bem e ser feliz. Ele é você.

Esse ser humano que você está se tornando já não vai mais se importar com coisas tão pequenas e sem importância.

Essa fase só vai te fazer desejar ser cada dia mais livre, mais solto, mais doce, estar mais em paz com as suas escolhas, com você mesmo e com os outros.

Essa fase é a que vai te preparar para os dias mais incríveis, aqueles que talvez você nunca imaginou que fossem possíveis de acontecer. Aqueles que você não acreditou que fossem possíveis viver, experimentar, aproveitar e desfrutar. Este é seu novo momento.

Por hoje, só coloque o mundo no mudo. Por hoje, abrace mais o seu coração. Por hoje, não dê ouvidos aos seus medos e as suas instabilidades. Não escute suas inseguranças, não se perturbe, não mais viole a si mesmo.

Apenas confie no processo. Apenas confie em você. Tudo está se ajeitando, tudo acontecerá da melhor forma que poderia acontecer. Relaxe e aproveite. Seja feliz.

LIÇÃO 38

FRUSTRAÇÃO

Você não se encaixa com ninguém, é uma frustração atrás da outra. Você não entende o outro, nem a si mesmo. Você mesmo trava suas conquistas.

Quando parece que as coisas vão dar certo, você leva outro balde de água fria na cabeça. "Não é possível", "Mais uma vez?", "Não posso passar por isso, de novo". Você dá um passo para frente e três para trás. Virou um ciclo vicioso.

Você chega a pensar em desistir do amor, mas percebe que não há como desistir da força mais poderosa que existe na vida.

Você é bom na arte de amar. Não tem como fugir disso. Não tem como fugir do amor que existia e sempre se manifestou, livre e abertamente.

Você respira fundo e segue. Lembra que alguém há de enxergar o que você já está percebendo em si. Alguém há de ficar e mudar essa realidade. Alguém pode mudar sua própria concepção de mundo.

Sua singularidade está, a cada dia, mais bonita e autêntica. Sua leveza está mais visível. Você sabe que é questão de tempo para viver a relação que sempre quis. Sabe que tudo irá mudar de uma hora para a outra.

Sabe que é questão de tempo para alguém especial permanecer. As noites não serão mais vazias e sem conteúdo.

Haverá laços bonitos, conversas intensas, *olho no olho*, mãos dadas. Haverá frases como: "bom dia", "quero construir a cada dia mais com você", "quero navegar junto a você", "quero estar com você, olhar nos seus olhos".

Se for realmente o seu desejo, isso não terá como não acontecer. No tempo certo, tudo se ajeitará.

Apenas respire fundo e siga em frente. Siga no oceano do amor e do universo infinito da felicidade.

LIÇÃO 39

VALE A PENA?

Você vai insistir até quando nessa pessoa que já te machucou tanto? Nesse lugar sem reciprocidade e de escassez?

Você vai continuar implorando até quando, pedindo e suplicando a alguém que não te dá valor ou reciprocidade?

Quantas sensações ruins já dominaram os seus dias?

Quanta energia você já gastou com isso?

Quanta vida já passou enquanto você continua agarrado nessa história?

Será que não chegou a hora de preservar o seu estado emocional?

Será que não chegou a hora de buscar sensações melhores?

Vai ficar aí até quando? Noites em claro, medo acelerado, angústia sem fim. Excesso de controle, vontade de possuir. Sentimento de rejeição, incapacidade, impotência. Inoperância total e plena em sua vida.

Pense melhor, se esse indivíduo realmente merece toda a penitência que você vem pagando por querer estar ao lado dele.

Pense melhor, se ele tem mérito para vivenciar experiências incríveis ao seu lado.

Pense melhor, se está vindo algo a que realmente valha a pena se agarrar do lado de lá.

Pense melhor, se você está disposto a encarar um novo momento, uma nova história, uma nova etapa, uma relação extraordinária.

Talvez seja a hora de você usar a sua energia para juntar os pedaços, para juntar os cacos e modelar sua personalidade, mais uma vez.

Talvez seja hora de focar no seu bem-estar. Na sua satisfação e prazer.

Talvez seja hora de olhar para as outras áreas da sua vida que ficaram abandonadas enquanto você ficou preso nessa. Ficou restrito e limitado a mesma história, mais uma vez.

Não vale a pena continuar se machucando. Se você já fez tudo o que podia, chegou a hora de relaxar. Levante a cabeça. Respire fundo. A liberdade já te pertence. Você só continuará preso aí se quiser.

Você só vai definhar emocional e afetivamente se aceitar isso em sua vida. A resposta é sua. A escolha te pertence. Você decide o que viver.

LIÇÃO 40

O NOSSO VALOR

Quantas vezes já não questionamos o nosso valor ou o quanto somos interessantes aos olhos do mundo simplesmente por achar que não estamos agradando?

Quantas vezes já não nos diminuímos ou nos inferiorizamos pela falta de validação alheia?

Quantas vezes já não deixamos que o "não" do mundo diminuísse a nossa coragem? Não podemos mais nos rejeitar só porque alguém nos rejeitou.

Não podemos mais viver nos maltratando só porque alguém não ficou em nossa vida. Não podemos mais duvidar da nossa importância e suficiência sempre que algo não sair conforme o nosso planejado.

Resgate seu valor. Não aceite mais acreditar que você não é especial ou forte o suficiente para seguir em frente.

Não permita que as pessoas determinem quem você é. Pare de se questionar, pare de se diminuir, tudo vai fluir de forma incrível, mas você precisa parar de duvidar da sua essência.

LIÇÃO 41

MUDANÇA DE FOCO

Quando damos muita importância a determinadas situações das quais não temos mais nada para fazer a respeito, nos sentimos extremamente pesados e cansados. Nos sentimos defasados e desgastados.

Quando colocamos muito foco em algo, mas sabemos que não podemos resolver tudo sozinhos, a nossa energia vai sendo sugada pouco a pouco. Somos vampirizados por circunstâncias, momentos, situações e pessoas.

No momento em que decidimos não colocar mais tanta atenção e interesse naquilo, a nossa vida automaticamente vai melhorando.

Quando mudamos o foco para nós mesmos, para nosso mundo interior, tudo se normaliza e volta ao seu fluxo natural. É uma constante.

Soltamos as coisas para o universo. Paramos de querer controlar o futuro, paramos de tentar fazer tudo da nossa maneira. Delegamos.

Paramos de priorizar aquilo que não tem solução imediata. Paramos de nos desgastar por pessoas ou situações que não agregam em nada quando estão dominando os nossos pensamentos.

Liberamos a mente e o coração para voarmos a qualquer dimensão emocional, desde que seja um espaço saudável e produtivo, sempre.

É preciso se libertar das amarras para que a vida vá melhorando. É preciso parar de "endeusar" quem escolheu partir.

É preciso parar de "santificar" aquele alguém. Você deve transcender para ser feliz e viver sua própria autenticidade.

Vá retirando dessa pessoa, aos poucos, seu foco, sua atenção e seu interesse, e verá um fenômeno chamado paz de espírito brotar na sua vida.

É disso que precisamos quando tudo desmorona: novas perspectivas, novas histórias e novas ideias. Uma maneira diferente de experimentar o mundo, a vida e a relação com as pessoas.

LIÇÃO 42

PORTO SEGURO

As pessoas podem te deixar para trás. Podem negligenciar sua vida e sua existência. Podem esquecer e não lembrar os momentos com você.

Mas o importante é que você não se deixe de lado em circunstância alguma. Não se desvalorize ou se coloque em segundo plano. Você é prioridade.

Não se despedace por ninguém, pois quando precisar se fortalecer será mais difícil juntar novamente os seus pedaços. Não judie, nem agrida sua moral, suas emoções, seus sentimentos ou o seu modo de analisar as coisas.

Seja o seu maior ponto de referência. Seja seu porto seguro. Seja a sua própria calmaria em meio à tempestade. Seja aquela pessoa que segura sua mão quando as coisas ficam complicadas.

Não tem outra saída, precisamos saber nos amar, nos respeitar e nos valorizar todos os dias. Somos a nossa maior fortaleza. Não importam as despedidas alheias, a nossa própria companhia sempre precisará ficar intacta.

Não importam as tempestades, não importam as omissões ou os ataques.

O que importa é a sua saúde emocional, a paz, a plenitude, a alegria conquistada por você através de bom senso e sabedoria em sua existência, em seus relacionamentos e em cada novo afeto proporcionado.

LIÇÃO 43

RESILIÊNCIA E CONQUISTA

Não existem apenas dificuldades. Existe muita coisa boa para acontecer no nosso caminho ainda. Existem muitas possibilidades e oportunidades a nosso favor. Existem probabilidades ainda intocadas por nossa mente e espírito.

E, quanto mais fortes nos tornamos, mais resistimos aos furacões, mais preparados ficamos para receber boas colheitas em nossa vida. Mais prontos estamos para colher os benefícios que cultivamos.

Eu não sei o quanto pode estar difícil para você agora, eu não sei o quanto você pode ter a sensação que a vida só está te sacaneando, mas, fique tranquilo, existe um arco-íris depois do caos também.

Existe o pote de ouro do outro lado a sua espera. Um horizonte fabuloso de amor, realização e conquista.

Você pode tudo, se assim desejar e programar suas intenções com razão, consciência e estratégia. Depende de você. Exclusivamente de você.

Sempre existirão o bom e o ruim. Sempre existirão a paz e o desespero. Sempre existirão o amor e o medo. Sempre existirão a luz e as sombras.

Vão surgir lutas grandes, mas surgirão bênçãos maiores ainda: resiliência, foco bem direcionado e uma vontade gigante de fazer tudo de melhor acontecer.

Essa é a receita para se superar. Esta é a razão para seguir e conseguir uma experiência emocional extraordinária na vida.

Não deixe sofrimento algum te fazer desistir de ser cada dia mais feliz. Não deixe que ninguém retire o sorriso do seu rosto, nem hoje, nem agora e nem nunca.

LIÇÃO 44

INDEPENDÊNCIA EMOCIONAL

A vida fica mais fácil quando entendemos que nem todo mundo vai gostar de nós e que, ainda assim, estaremos seguros.

Quando não dependemos emocionalmente de ninguém, a não ser da nossa própria paz interior e própria segurança interna, tudo fica muito mais fácil.

Devemos parar de tentar fazer as pessoas nos acharem seres incríveis e maravilhosos, isso tira uma carga gigantesca das nossas costas. Alivia nossa essência. Nos deixa respirar com muita mais satisfação e tranquilidade.

Não é vergonhoso não ser interessante para alguém. Não é o fim dos tempos ser excluído por algum indivíduo. Não é vexatório não ser aceito pelo que jeito que se é e que se pensa a vida. Não importa. Não é relevante.

"E se falarem mal?"

"E se fizerem cara feia?"

E daí?

Que importância precisamos dar para isso?

Que importância devemos dar a quem não inspiramos ou motivamos? Não somos obrigados a agradar e nem a estar condicionados a ninguém.

Tentar reverter essa situação ou provar que somos, sim, as melhores pessoas do mundo é extremamente desnecessário.

Nada tem a ver com algo de valor, essencial ou necessário. Precisamos ser necessários a nós mesmos e o restante será apenas reflexo do que nós somos.

Não quer gostar? Não quer ficar? Não faz questão? Tem todo o direito.

Nós é que precisamos parar de tornar isso algo grandioso ou insuperável. Nós precisamos parar de dimensionar todo esse processo de reconhecimento, de validação pessoal, social e afetiva.

A sintonia não vai existir com todo mundo e não tem porque se desesperar. Não devemos e nem somos obrigados a agradar a todos.

Nós precisamos apenas respeitar quem somos e o que queremos.

LIÇÃO 45

E SE FOSSE DIFERENTE?

Nós ensaiamos mil histórias, diálogos, olhares, emoções, ideias e gestos para imaginar como seria se uma volta acontecesse. Visualizamos o futuro sonhado com a mente e o coração.

Será que a pessoa diria o que eu gostaria de ouvir? Será que reconheceria algumas falhas dela mesma? Será que as coisas iriam por um caminho diferente?

Não dá para saber, precisamente, o que iria acontecer.

Mas podemos sentir, perceber e experimentar.

Será que valeria a pena? Será que conseguiríamos reconstruir tudo de novo? Milhares de raciocínios passam pela nossa cabeça para que venha alguma sensação de conforto.

Mas a verdade é que o "se" é sempre muito vago. "Se o outro voltar", isso é só uma suposição que talvez não aconteça, mas a que nos apegamos firmemente para amenizar a dor.

Precisamos, muitas vezes, interromper essas ideias.

Se já tivemos todas as atitudes que seriam necessárias da nossa parte e, ainda assim, não houve uma possibilidade real de funcionar, em algum momento, precisaremos abrir mão do "e se".

O "se" não existe. Ele é apenas uma leve suposição do que se projeta internamente. Com a mente, com o coração e com as nossas aspirações emocionais.

Precisamos fortalecer o nosso coração, abraçar a nossa alma. Confiar que, algum dia, chega quem tem que chegar e vai embora quem precisa partir.

Só nos resta focar mais no que nós temos, criar outros enredos e caminhar em paz. Só nos restas produzir os efeitos que queremos na vida.

Seguir firmes, convictos, cheios de fé e resiliência. O que é para ser nosso, será. Não adianta resmungar, reclamar ou não aceitar. A vida é assim.

Às vezes, parece que, se tomarmos algumas atitudes duras para manter a distância de alguém, nos sentiremos muito pior. Nos sentiremos isolados.

Mas, na verdade, é o oposto disso.

Em um primeiro momento, pode até machucar mais, só que a longo prazo traz uma libertação absurda.

Não é legal viver insistindo em coisas que já estamos cientes de que só trazem mal-estar.

Precisamos parar de acreditar que é esse falso controle da vida do outro que traz um alívio, porque não é.

Ficamos nos despedaçando por situações que não precisamos passar.

Deixar de pertencer, parar de vigiar, buscar momentos de *solitude* e paz é muito mais efetivo com o passar do tempo.

Não vá contra você mesmo.

Defenda a sua alma. Guarde a sua positividade. E jamais hesite em fazer o que for necessário para se sentir bem.

NINGUÉM TEM O PODER SOBRE VOCÊ E SUAS EMOÇÕES, A MENOS QUE VOCÊ ENTREGUE A CHAVE.

LIÇÃO 46

TEMPESTADES PASSAGEIRAS

Não se dê por vencido nas adversidades que chegarem. Os únicos inimigos que existem são os que moram dentro de você. Aprenda a desarmá-los.

Você é capaz de solucionar qualquer dilema ou dissolver todo obstáculo que aparecer no seu caminho. Não há vento capaz de derrubá-lo se aceitar tal fato e se *empoderar* de emoções saudáveis, pensamentos coerentes e vigor existencial.

Em meio a tempestades, você é o melhor recurso que possui para superar o sofrimento. Têm bases sólidas, fundamentos consolidados, mensagens emocionais de superação codificadas em sua mente e no seu coração.

Não desperdice isso. Vá em busca do que te faz feliz. Supere o que preciso for. Reerga-se, restabeleça sua força extraordinária para alcançar o que deseja, para acalmar a ventania e colocar tudo no seu devido lugar.

Seja você a tempestade de alegria, de entusiasmo, de razão, de emoção direcionada e de superação que precisa ser para promover o melhor encontro de todos: o encontro consigo e com sua natureza grandiosa.

Todas as tempestades passam e você tem a tecnologia emocional interna capaz de dominar o vento, o ar, a chuva, o frio, o calor, o fogo, as sensações de fraqueza, o cansaço e o desespero. Tudo é dominado pelo recurso da mente, inclusive a direção dos ventos que seguem a soprar, por toda a sua vida.

LIÇÃO 47

NÃO CRIE DÍVIDAS DE CONSIDERAÇÃO

As pessoas não têm dívidas de consideração por nós e uma hora isso fica muito claro na nossa cabeça. Esperar consideração de todos na proporção que quer não existe.

O que existe é o momento, a felicidade real e compartilhada, o mecanismo de satisfação de cada um. Isso é real, mesmo que algo subjetivo. É um fato que nos leva à paz interior que buscamos.

Não é porque temos um apreço enorme por alguém que essa pessoa vai sentir o mesmo por nós. Não existe qualquer obrigação para a reciprocidade. Todo sentimento é natural, espontâneo e autêntico.

Esperar que os outros tenham atitudes semelhantes àquelas que teríamos em determinadas situações pode ser muito frustrante a longo prazo. Pode ser uma completa decepção em todos os sentidos.

Existem, sempre, grandes chances de não sermos considerados da forma que gostaríamos e isso fará parte da nossa caminhada.

De não garantir a mesma expectativa e perspectiva na vida. Ninguém é obrigado a reverenciar sua emoção, seu pensamento ou qualquer comportamento seu.

Muito cuidado ao desejar demais atitudes que nem passaram pela mente dos outros. Muito cuidado ao esperar por ações que não condizem com a natureza daquela pessoa.

Nada depende, exclusivamente, de você quando o assunto está associado às respostas dos outros. Isso é evidente.

Entenda que nem todos vão agir da forma que a gente quer, e a valorização nem sempre virá de onde esperamos, por isso só nos resta aceitar e seguir em frente. Não existe qualquer equação exata nisso.

LIÇÃO 48

SENSAÇÕES PASSADAS

Alguns momentos nos lembram de onde e com quem gostaríamos de estar. Nos trazem o passado de volta e toda aquela sublime sensação.

Nos recordam do caminho que estamos seguindo, das pessoas que estão ou não ao nosso lado. Reforçam o que temos de positivo ou negativo em nossa vida. Daquilo que representamos.

Se não estamos aceitando muito bem esse lugar e a condição atual, a nossa energia diminui drasticamente. Ela é completamente sugada.

Pode vir muita tristeza, sim. Podemos ficar sensíveis, perdidos, para baixo, sem muito ânimo para comemorar. Sem ânimo sequer para recomeçar.

Mas é exatamente aí que precisaremos nos lembrar da gratidão. Recordar que somos os responsáveis pelo rumo da nossa vida, que estamos no lugar que nos foi possível chegar, onde deveríamos estar.

Perceber que fizemos o que podíamos, com a melhor intenção que poderíamos ter. Que fizemos o que deveria ter sido feito e essa é a nossa paz.

LIÇÃO 49

NÃO SEJA REFÉM DAS REDES SOCIAIS

Não more na rede social de ninguém que partiu. Não fique olhando a *página* que tal pessoa *curtiu*, a foto que ela comentou, os *stories* da pessoa que ela *marcou* ou o perfil do último indivíduo que ela *seguiu*.

Esse ciclo parece não ter fim: quanto mais você olha, mais você quer olhar. O problema é que nem se dá conta do quanto isso, de fato, te machuca. Te aprisiona, te fere, te pressiona e te condiciona, internamente e mentalmente.

Esse é um dos piores hábitos que alguém "apaixonado" pode ter. É um ciclo vicioso de discórdia e rompimento com você mesmo. Nada disso pode agregar em sua vida hoje.

Você quer procurar, você quer descobrir, quer investigar, quer virar do avesso, quer juntar as pistas, quer ligar os fatos. Você quer montar o quebra-cabeça.

Embora acredite que saber tudo te trará segurança, é exatamente o oposto disso. Você se sente patinando, perdido, machucado, impotente.

Abandone esse hábito. Não será da noite para o dia, mas comece diminuindo a frequência das visitas.

Vá se perguntando o que de fato teria ali que poderia agregar algo no seu dia. O que faria sentido para você.

Se pergunte, também, sobre o que, de verdade, você pode controlar na rede social do outro. Você não precisa de situações que te inferiorizam. Que depreciam sua essência e quem você é nesse mundo.

Use mais as redes sociais a seu favor. Use mais a vida a seu favor. Use suas qualidades a seu favor e em benefício de sua evolução emocional.

LIÇÃO 50

BÊNÇÃOS INESPERADAS

E se tudo de pior que já te aconteceu te trouxesse uma grande bênção a longo prazo?

E se o efeito fosse totalmente contrário e oposto ao que você imagina?

Os ensinamentos nem sempre chegam da forma que gostaríamos, mas, sim, da forma que precisavam chegar. Tudo acontece por um propósito maior.

Não brigue tanto com o que está sendo colocado no seu caminho. Existem coisas ruins, mas também existem muitas coisas boas acontecendo.

É preciso encontrar o equilíbrio e harmonizar os fatores.

Tente ser a pessoa que procura o lado bom de tudo. Tente ser a pessoa que se entrega mais às lições da vida.

Tente ajudar, colaborar, expandir sua vida e compartilhar suas experiências. Dividir sua sabedoria.

E se tudo que deu errado fosse livramento?

E se você precisasse disso para que outras coisas pudessem dar muito certo? Confie. Aceite. Acolha. Apoie. Receba as bênçãos da vida.

LIÇÃO 51

ALÍVIO E PAZ

Sensação boa é a de quando conseguimos dizer "siga em paz", após tantas tentativas de segurar alguém em nossa vida.

É quando se diz "não" em paz, sem conflitos, discussões ou enfrentamento, mesmo que a outra parte não compreenda e não aceite isso.

É quando respiramos aliviados com o sentimento de que fizemos tudo o que podíamos, mas não deu, não funcionou, não pode acontecer. Fizemos o que estava ao nosso alcance, mas de nada adiantou.

Quando isso passa, conseguimos dizer "que paz", "que livramento", "por que sofri por tanto tempo?". *Ufa, que alívio.* Transcendemos, então.

Chega uma hora em que a ficha cai, saímos do conto de fadas, enxergamos a realidade como ela é. Saímos da matriz, passamos a perceber e compreender o mundo de um modo geral.

Paramos de distorcer os fatos, fingir que o outro seria capaz de nos corresponder.

A vida segue mais leve. Não há mais pelo que se despedaçar. Não há mais tempo perdido ou escasso.

Apenas foi, apenas aconteceu, apenas ficou para trás, virou apenas mais uma lembrança. Virou apenas mais uma página da sua história. Foi lindo.

Chega de complicar essa história. Chega de forçar o destino. Deixe ficar tudo o que tiver que ficar. Valeu a tentativa, mas para o outro agora só restou um sincero "siga em paz".

LIÇÃO 52

ERA PARA SER ASSIM...

Entenda, quanto menos algo fica, no nosso campo de visão, mais chances têm de desapegarmos, dia após dia, daquilo. Temos que encontrar a liberdade e a paz que buscamos. É necessário ocultar o próprio campo.

Se afastar de alguém que já não faz mais parte da nossa rotina e preferiu ir embora traz mais leveza para os nossos dias.

Mais saúde, mais qualidade de vida, mais paz e mais harmonia. Não resta dúvida quanto a isso.

Não é infantilidade ou insegurança, é tomar a decisão de realmente tirar aquela pessoa do centro da nossa vida. É saber o que precisa ser feito para acalmar a própria existência.

Não é que o sentimento sumiu, mas, às vezes, ele ainda é tão grande, que precisaremos de atitudes extremas para seguir. Precisaremos de ações emergenciais e necessárias.

Pode até levar tempo e machucar, mas quando estamos firmes, de alguma forma, a gente consegue se libertar. E viver de modo leve.

LIÇÃO 53

ACEITE, SIMPLESMENTE!

Nós pensamos que se não aceitarmos a decisão do outro, vai parecer que aquilo não aconteceu, mas a negação nunca é o melhor caminho. A negação oculta a verdade por trás dos fatores. É preciso prestar atenção.

Precisamos assimilar a nossa nova realidade e respeitar a decisão das pessoas por mais dolorosas que elas sejam. Aceitar significa respeitar.

Não cabe a nós ficarmos abraçados com o que já foi. As memórias ficam vivas, sim, mas quem foi embora precisa deixar de fazer parte da nossa rotina. Precisa parar de *rodar* na nossa cabeça e em nossa mente.

Temos que trabalhar nesse processo de superação, dia após dia, aceitando o que não podemos mudar. Aceitando o que é preciso mudar.

Algumas coisas, infelizmente, fogem do nosso controle e fingir que elas não existem apenas vai anestesiar por alguns segundos. Não funciona.

Mas a cura vem, exatamente, quando abraçamos a nova realidade. Quando aceitamos o processo e a nova dinâmica que nos é apresentada.

As pessoas nascem livres e seguem o que sua intuição e raciocínio coordenam. Não há porque aprisionar quem não quer ficar, não há porque negar o que aconteceu.

Agora, a dor pode ser grande, mas aprender a lidar com ela sempre será a nossa maior estratégia diante da vida. Uma hora passa. Sempre passa. Tudo passa e muda de ciclo, simplesmente, assim.

LIÇÃO 54

PERCEBA-SE

Com o tempo, você há de perceber que é melhor ficar sozinho do que em uma relação de aparências, que a verdade sempre é melhor e sempre faz mais sentido.

Vai parar de se lamentar por não estar com qualquer um ao seu lado e agradecer por ter esse tempo para resgatar a sua paz interior. Vai parar por um instante e perceber sua própria existência.

Há de perceber que ser solteiro não é nenhum pecado capital, muito pelo contrário, só quem sabe ser bom quando está sozinho, é que sabe ser bom quando está em par.

O bom senso e a maturidade valem para ambos os casos.

Depois de algumas decepções, você vai decidir parar de forçar o destino e parar de insistir em relações que não tem nada a ver.

Vai escolher o silêncio de um coração vazio ao barulho de alguém que nunca fez questão de morar nele.

Sem tanta pressão, sem tanta correria, não há porque se desesperar. Leveza na alma, tranquilidade no olhar.

A vida só se vive uma vez, então, independente da sua condição atual: você merece se sentir muito feliz!

LIÇÃO 55

ILUSÕES IMPRÓPRIAS

A maioria dos nossos sofrimentos vem de uma ilusão ou de uma alucinação que estamos criando e não de uma verdade concreta. Vem do nosso mapa mental, do que construímos e alicerçamos como crenças, por toda a vida.

A maioria dos relacionamentos dos quais saímos machucados é fruto da nossa atitude de olhar muito mais para as nossas vontades do que para a realidade que estava ali.

Olhamos muito mais para o outro, para a relação, do que para quem somos, para o que desejamos, para o que nos privamos e não priorizamos.

Quantas vezes não criamos histórias que só aconteceram de forma bonita na nossa cabeça. Somos bons em acreditar nisso.

Somos bons em criar argumentos ilógicos para satisfazer o ego, o inconsciente e nossos falsos sonhos.

O problema aparece quando precisamos nos deparar com o que é real. O problema aparece quando percebemos que só estamos em dor porque vimos interesse onde não existia atitudes.

Vimos promessas onde não existiam palavras. Vimos uma estrada compartilhada onde não existiam planos e sonhos da outra parte. Criamos um enredo fantasioso sem isso espelhar a realidade dos fatos.

Sim, não é fácil admitir que somos os nossos maiores trapaceadores, mesmo sem termos essa intenção. Que nos iludimos nos sentidos, para nos satisfazermos emocionalmente e afetivamente.

Encarar a realidade dos fatos será sempre a nossa maior arma contra essas ilusões que criamos de vez em quando. Nada é mais essencial do que os fatos e suas configurações. Preste atenção nisso.

Não tampe o sol com a peneira, não finja que está tudo incrível. Aprenda a ter percepção, aprenda a prestar mais atenção aos sinais.

Amplie sua visão interior para focar no que acontece no mundo externo.

LIÇÃO 56

SEJA UM SOBREVIVENTE!

Você sobreviveu aos seus piores dias. *E como sobreviveu!* Você certamente já sobreviveu a rejeições e histórias tristes por diversas vezes. É um sobrevivente, um lutador, um guerreiro inatingível.

No começo, parece que você não vai conseguir, que a situação é gigante demais, que não tem como sair disso, que não existe luz no fim do túnel, até perceber que, na verdade, sempre tem.

Sempre existe saída quando se busca.

Você descobre novas forças que nem imaginou que existiam dentro de você. Você percebe que, a cada problema que aparece, uma habilidade nova se desenvolve.

Sua personalidade é fortalecida com cada degrau que sobe.

Vai por mim: você sempre vai ter a capacidade de se superar, independente da dificuldade que se colocar a sua frente. Você tem habilidades naturais para superar seus desafios e se adaptar aos eventos.

Dor de amor? Crises existenciais? Solidão? Insegurança? Você já sabe como funciona. Nunca é exatamente do tamanho que você acha que é. Nunca tem o mesmo sentido e a mesma métrica.

Mas uma coisa é certa: você sairá dessa com mais consciência, bom senso e sabedoria.

Somos sobreviventes. Nada pode ser maior do que a nossa força. Ninguém pode nos parar. Nossa estrutura foi criada para resistir. Não importa o tamanho do furacão lá fora, podemos sempre nos reinventar.

LIÇÃO 57

APRECIE CADA MOMENTO

Por que esse medo todo de ficar sozinho, hein? Será que ainda não percebeu que estar com você mesmo é o que te faz desacelerar?

Que precisa desse contato íntimo com sua verdadeira essência para avançar na jornada?

Explore a vida esperando o mínimo possível dos outros. Vá entregando o seu melhor por onde passar. Deixe seu lastro de amor, bondade e generosidade. Não exclua nada e compartilhe o que puder.

Saiba o seu valor, as suas habilidades. Não se *vitimize* por estar sozinho. Não se *vitimize* por não ter a vida que gostaria no momento.

Não se rotule. Não rotule as pessoas. Não crie estereótipos abstratos por mera percepção.

Foque em ser interessante para si, foque em se admirar, foque em ficar orgulhoso de suas ações, de quem você é, do que se tornou e de seus comportamentos emocionais mais saudáveis e racionais.

Jogue energias positivas ao universo. Se você reclamar o tempo inteiro da sua condição estará, de alguma forma, atraindo mais desafios para a sua vida. Mais desafios com o mesmo teor, para, enfim, superá-los.

Se esse é o seu momento, respeite. Vá no seu ritmo. No seu compasso. Aprecie passar minutos observando mais o fluxo natural das coisas.

Curta a sua companhia.

Curta ficar em casa. Curta o silêncio que tudo fala. Conheça as suas forças, saiba do seu conteúdo e tudo vai seguir da maneira mais perfeita para você.

LIÇÃO 58

RENÚNCIAS PARA AMAR

Às vezes, o amor também acontece em forma de desistência. Quando se abre mão para ser feliz e para libertar o outro de processos desgastantes.

Amor a você que já está em pedaços tentando segurar algo que não encaixa, e amor ao outro, que também merece viver uma relação em harmonia assim como você.

Essa é uma forma genuína de amar e ser amado.

O sentimento é tão grande que você sabe que renunciar é a única coisa que pode fazer bem às duas partes. Que pode devolver o oxigênio, que pode trazer paz. Que pode aliviar sua alma e fazer você sorrir novamente.

Você e quem está com você compreendem que a única forma de conseguirem, de fato, evoluir, é seguindo cada um a sua própria jornada.

Cada um por seu caminho, no aprendizado que lhes cabe. Sem egoísmo ou qualquer atitude insensata.

É óbvio que seria muito melhor se esse amor fosse suficiente para fazer funcionar, mas nem tudo depende apenas do nosso desejo.

Nem tudo depende de um ou de outro. Mas do destino, das consequências e das circunstâncias.

Existem processos pelos quais, às vezes, esses indivíduos precisam passar antes de tentarem realmente investir em uma relação duradoura. Falta maturidade, falta observação, falta bom senso e sabedoria no momento.

Mas é uma missão difícil ir embora querendo ficar. É dolorido, machuca demais. Requer coragem. Requer humildade. Requer elevação e liberdade.

Soltar algo que só está preso no apego egoísta é amor. Em todas as suas formas. Ele nunca deixa de ser. As lembranças ficam. Não é o fim da jornada. Ela apenas recomeçou. Recomeçou e se fortaleceu.

LIÇÃO 59

VIDA E PAZ INTERIOR

Você pode perder muita gente ao longo da vida e ainda assim seguir em paz. Mas quando você se perde de você mesmo, aí sim, as coisas ficarão sem sentido. Perderão o sentido, a razão e a conexão interior.

Priorize sempre a sua essência e o seu crescimento. Lembre-se todos os dias de quem você é, o que você é, o que busca, intenciona e deseja.

Não tente impressionar os outros seguindo ideias que não te enchem os olhos. Não tente ficar admirável para quem te rodeia e se esquecer de ser admirável para si mesmo.

Olhe para o espelho e perceba-se como alguém fabuloso e incrível. Você merece todo este reconhecimento.

Não tenha medo que te abandonem, mas, sim, que você se abandone pelo caminho. Não tenha medo que te rejeitem, mas, sim, de que você se rejeite em primeiro lugar. Valide sua existência e aprove suas emoções.

Tome muito cuidado com essa busca incessante pela aceitação. Tome cuidado em ficar distante de você mesmo só para pertencer. O melhor lugar do mundo está no amor que você sente dentro do seu coração.

Em primeiro lugar, para si. Em seguida, para os outros, para o mundo, e em qualquer relação emocional. Amar-se é a chave para a felicidade.

Nada vale a sua paz de espírito e a sua estabilidade emocional. Nunca se esqueça disso. Você deve estar sempre em contato com sua vida interior.

LIÇÃO 60

SIGA SUA LUZ

Talvez, quem não te escolheu nunca volte para pedir as desculpas que você tanto espera. Talvez, esse seja o melhor remédio para você cultivar o amor por você mesmo, para valorizar suas escolhas, decisões e aceitar suas rejeições também.

Talvez tal pessoa nunca se arrependa, talvez nunca mude de ideia, talvez nunca tenha percebido o seu valor. Talvez não tenha captado a sua essência. Nada disso importa.

Quem precisa se perdoar e aceitar-se é você. Isso vai mudar sua vida e transformar sua existência, rapidamente.

Mas tudo está bem, não era o papel dessa pessoa. Essa é a sua função. Saber do seu valor, saber do quanto você é incrível, saber do quanto você tinha para doar e entregar.

Entregue-se a você mesmo e aos seus instintos emocionais.

É uma pena, mesmo, quando alguém não fica, mas, ainda assim, não podemos questionar quem somos. Precisamos saber quem somos. Isso é o que vale e deve ser expandido ao mundo, a partir da ressonância com você mesmo.

Ainda assim, precisamos nos lembrar das nossas qualidades, ainda assim, precisamos ser a melhor versão que pudermos. Ser merecedores e aceitarmos este mérito, para viver experiências fundamentais e extraordinárias.

Quem te perdeu pode nunca perceber a luz preciosa que você é, mas, mesmo assim, continue brilhando. Siga sua luz e irradie amor.

LIÇÃO 61

SUBINDO DEGRAUS

A verdade é que certas pessoas só fazem parte de alguns degraus em nossa vida e vão ficando pelo caminho. Ficam para trás e, muitas vezes, nunca mais voltam. Isso também faz parte do percurso.

Existem fases, extremidades e picos nos quais elas não conseguiriam nos acompanhar, por mais que tentassem. Não há mais sintonia e isso tende a levá-las cada vez mais para longe. As frequências não se equalizam mais.

Isso não significa que tudo se perdeu, nesse nível, em que nos sentimos completamente "sozinhos". Não significa que estamos sozinhos, mas em processo de nivelamento.

De sintonização com pessoas, eventos e circunstâncias. À medida em que amadurecemos, somos levados à mesma corrente de situações com nossa mesma perspectiva. Isto é natural.

Novas pessoas serão acrescentadas, novas histórias, novos calos, novas cicatrizes e superações. Nada acaba, de fato, quando parece que sim. A escalada da vida tem muitas oportunidades. Mas não é um processo simples.

A sua subida é longa demais, apenas continue, você ainda será muito presenteado, basta não perder a jornada de vista.

LIÇÃO 62

DÚVIDAS E DILEMAS

Não podemos aceitar um lugar na dúvida do outro. Nas sombras e na incerteza de outra pessoa. Nós somos luz e não escuridão. Luz e glória. Não somos insegurança e falta de convicção.

Se não sabe, se não tem certeza, se não quer se comprometer, se acha que gosta de outra pessoa, se diz não ter se desvencilhado da relação antiga, e etc.

Permita que esse alguém viva todas essas situações com ele mesmo.

Não aceite a ilusão do outro, libere, permita e siga sua trajetória. Os rios se cruzam quando têm que se cruzar. O que é para ser, será. Aceite.

Não temos que fazer parte deste cenário confuso. Não precisamos aceitar qualquer situação por essa necessidade de sermos amados. Aceite apenas a liberdade e a permissão. Permita-se ser feliz e permita ao outro seguir seu fluxo natural.

Não é justo entrar no turbilhão alheio e viver instável. Peça por posicionamentos. Se não os tiver, posicione-se você. Não aceite menos do que isso. Não jogue e não faça parte do jogo de ninguém.

Ninguém merece morar na escolha dividida de outra pessoa. Se você deseja viver um amor inteiro, não aceite nada que seja pela metade. Não seja o reboque da morada afetiva de outra pessoa.

Você é uma mansão e não o detalhe do acabamento. Seja feliz, libere, permita-se e permita o percurso de quem está nesse dilema afetivo e existencial.

LIÇÃO 63

MENSAGEM OCULTA

Não serão só dias de glória. Pode esquecer. Essa não é a vida real. Prepare-se para aprender a cair e a levantar, muito. E a prosseguir, sempre que cair. Você não pode parar e se deixar abater. Jamais aceite isso.

A verdade é que tem uma mensagem por trás de cada situação que passamos. Talvez você não a encontre agora.

Talvez só consiga enxergar o caos que a dificuldade te gerou. Talvez não perceba, mas, com certeza, sente essa transformação que está passado agora mesmo.

Mas se procurar com calma e deixar a poeira baixar, perceberá que tinha uma lição incrível por trás disso. Tudo é um aprendizado e uma experiência de transformação. Acredite nisso, acredite em sua mudança.

Não somos vítimas, nem vilões, somos seres humanos tentando aprender e crescer com a vida. Somos seres em evolução e em constante aprendizado.

Não podemos alimentar uma sensação de injustiçados pelo universo por muito tempo. Não podemos nos colocar como coitadinhos para sempre.

É preciso ter sabedoria para capturar a mensagem sutil que está chegando através desse sofrimento. A dor leva à sabedoria. Não duvide.

É preciso paciência na tempestade para conseguir ver o arco-íris brilhar. A vida não terá somente flores, por isso, aprender a lidar com os espinhos é fundamental.

LIÇÃO 64

AFASTE-SE NATURALMENTE

Saber que chegou ao fim, mas ficar buscando informações o tempo todo do indivíduo não vai te ajudar. Isso não compensa, nem recompensará você. É preciso sair destes condicionamentos, deste ciclo de insegurança e intranquilidade. Você pode, você consegue.

Descobrir que merece algo melhor, mas continuar tentando viver a vida do outro não é a resposta. Viva sua história, foque no seu aprendizado, em você, naquilo que você precisa aprimorar. Naquilo que vai te enobrecer.

Querer ficar bem, mas fazer de tudo para encontrar a pessoa em qualquer lugar que for não é nada funcional. Não é normal, nem natural. Não faz sentido ou traz qualquer perspectiva de conforto. É ilusão.

Terminar e ficar tentando puxar papo, menos ainda. Quer realmente superar? Se ajude. Se afaste o máximo que for possível dentro das suas condições.

Mantenha a distância natural até se acomodar às circunstâncias.

Não só fisicamente como emocionalmente. Vá respirar novos ares. No começo, pode ser difícil, mas depois melhora. Experimente. Faça acontecer. Você deve moldar seu destino com experiências saudáveis.

LIÇÃO 65

SOCIALMENTE ACEITO

Você não precisa fingir que superou aquilo que ainda está no processo. Não precisa fingir nada, nem fazer nada. A não ser acalmar suas emoções. Não precisa satisfazer, socialmente, nada e nem ninguém.

Você não precisa provar para tal *ex*, que está feliz, provar para os seus amigos que não está sofrendo ou sair para lugares incompatíveis a você apenas para mostrar que *está por cima*. Não precisa provar nada a ninguém.

Esqueça essa história de querer atingir alguém que te rejeitou. Você não precisa fazer média para todo mundo. Você não precisa elevar sua média.

O que você precisa, na realidade, é respeitar o seu momento e se ajudar. Ao perceber e aceitar a sua atual condição, você poderá buscar formas de facilitar o processo.

Poderá facilitar suas relações e o contato com você mesmo. Em busca de paz, tranquilidade e sabedoria. Você pode.

Não queira buscar notícias o tempo todo, não queira ainda fazer parte de algo que já não faz mais. Não procure confirmar suas aflições em cima das ilusões da sua mente.

Acalme-se, eleve-se e transcenda qualquer desequilíbrio. Fazer boas escolhas a seu favor será muito mais positivo do que buscar disputas de ego. Procure ser perspicaz e inteligente. A vida retribui.

LIÇÃO 66

REVERENCIE-SE

Você precisa ter noção do tamanho do seu coração. Você precisa saber quem você é. Você precisa calibrar o que sente e o que deseja sentir. Reconhecer suas emoções e a forma que sente afetivamente.

Precisa acolher a sua singularidade. Lembrar-se de todas as lutas que já superou. Reconhecer a sua luz. Deixar que seu brilho extrapole o seu ser.

Ninguém pode te rotular. Ninguém pode te dizer o que fazer. Ninguém pode te paralisar ou te desmerecer. Ninguém tem o poder de negligenciar quem você é, o seu poder natural e o seu magnetismo.

Somente você pode inibir toda sua potencialidade para viver histórias alegres. Só você pode se valorizar.

Então, não fique se lamentando se não for a escolha de alguém. Você vai escolher e ser escolhido, simultaneamente, de maneira natural e espontânea. Por isso, aceite isso e viva intensamente.

Lembre-se da sua trajetória. Reverencie tudo o que fez para chegar até aqui. Não se perca. Você vale a pena.

LIÇÃO 67

VIBRAÇÃO COMPATÍVEL

Cultive, cuide, regue, semeie, trate bem quem é importante para você. Tenha a melhor energia e vibração possível para atrair e manter pessoas compatíveis em sua vida.

É a sua sintonia, sua rotina emocional, sua essência emocional, a versão atualizada de seus pensamentos que vão, definitivamente, equilibrar suas relações.

Conforme você sobe o seu nível, automaticamente quem está ao seu redor vai melhorando ou não permanece na sua paisagem ou visão. Sua vibração determina quem vibra na mesma frequência e sintonia em sua vida.

Você atrai e reflete o que é interno.

Ou seja, termos emocionais: como se comporta, sente, pensa e como conduz a própria vida.

Isso vai espelhar e refletir na sua direção. Se você se descomplica, o complicado deixa de se conectar.

Se você solta, a liberdade chega. Se você entra em harmonia, a paz nas relações afetivas, amorosas ou mesmo profissionais, entra em fase com sua energia. É um efeito totalmente recíproco.

Não perca de vista o que te faz bem.

O universo reserva sempre o melhor para você. Aproveite. Seja feliz, ativo, produtivo, sábio, calmo, tranquilo em suas ações e decisões mais importantes.

Focalize no bem, no amor, no respeito e espelhe coisas boas. Sua energia chegará ao topo do céu e isso vai te colocar em conexão com experiências maravilhosas, em todas as áreas emocionais.

LIÇÃO 68

DESINTERESSE

Depois de um tempo aprendemos que algumas insistências não valem a pena. Não vale a pena persistir e perseguir. Não é legal *ficar no pé*, querer a todo o custo ou *forçar a barra*. Você não precisa dessas atitudes.

Desinteressar-se. Essa é a palavra. Para que continuar *remoendo* um sentimento por alguém que já não faz mais questão de ficar? Para prender-se a alguém desinteressado?

Vale mesmo a pena viver nesta incerteza e intolerância?

Mude seu foco aos poucos, reorganize seus pensamentos. Não dá para viver idolatrando quem mal se lembra da nossa existência.

Não dá para valorizar quem não prioriza nossa própria existência, nosso ser, quem somos e o que sonhamos.

Você merece mais e o melhor. Ser feliz, livre e aceitar. Permitir, viver e experimentar um amor verdadeiro recíproco.

Tire um tempo para ajeitar sua morada interna. Tire um tempo para refletir sobre quem você está permitindo que domine a sua mente.

Tome distâncias necessárias. Vá conhecer novos ares. Nem todo mundo é merecedor da sua devoção. Valorize-se antes de qualquer coisa. Saudade de via única não vale a pena.

LIÇÃO 69

CORRESPONDÊNCIA

Visualizou, mas nunca respondeu....

Nem uma palavra. Nem um *emoji*.

Fica um vazio. Uma sensação de que não somos importantes.

Por que não continuou o assunto?

Por que não quis entender melhor o que eu estava querendo falar?

Por que não abriu o coração também?

Questionamos todas as possibilidades possíveis até percebermos o óbvio: era essa a "resposta" que o outro tinha para nos dar.

Embora o silêncio de quem gostamos machuque mais do que ouvir um "não", muitas vezes, era só isso que ele poderia te oferecer.

Talvez foi machucado pelo caminho. Talvez quis evitar o conflito. Talvez percebeu que não deveria se expor demais. Talvez está seguindo a vida sem te incluir nela.

Seja lá qual for uma das inúmeras possibilidades pela qual não te correspondeu, elas não dizem nada sobre você. Não dizem quem você é, qual sua perspectiva ou habilidades emocionais.

A sua responsabilidade era falar. Tentar. Sentir no coração que fez o que estava ao seu alcance. Buscar a empatia necessária, a conexão e a interação com o outro.

Você fez o seu papel e cabe ao outro corresponder ou não. Não depende de você. Não está na sua decisão ou em suas mãos.

A mensagem não respondida nunca terá o poder de estragar a sua coragem. A menos que você permita que tenha. Esta é a única decisão e atitude que precisa tomar.

LIÇÃO 70

ORGULHO FUTURO

Essa sua nova versão pode estar te custando a perda de coisas e pessoas que você nunca imaginou que precisaria viver sem. Pode estar desligando qualquer conexão que não faz mais sentido. Nem para você, nem para o outro.

Mas continue firme, coisas boas vão embora para que coisas melhores ainda possam vir no lugar. Não há porque se sentir mal, tudo está saindo conforme o planejado para o seu crescimento. Tudo transcorre naturalmente.

Confie nessa sua nova fase. Confie que o amor está em tudo. Confie que um dia entenderá o porquê de precisar abrir mão de certos apegos.

Porque precisou liberar, aceitar e permitir. Tudo fará sentido com o tempo. Acredite e o destino lhe mostrará quais os efeitos do que hoje ocorreu.

No futuro, você se orgulhará de toda lição que aprendeu. No que se transformou, daquilo que passou e recebeu com sabedoria. Apenas siga em paz. Já deu certo, não teria como não dar. Tudo está nos planos.

DEIXE SEGUIR, DEIXE TUDO SAIR DO SEU CONTROLE MESMO. DEIXE O OUTRO SER FELIZ, DEIXE VOCÊ SER FELIZ. DEIXE O MUNDO CONTINUAR GIRANDO.

LIÇÃO 71
DE BEM COMIGO, DE BEM COM O MUNDO!

Se você não estiver bem com você mesmo, esqueça essa ideia de que estará bem ao lado de alguém. Não funciona dessa forma.

É preciso respeitar a si mesmo, em primeiro lugar. Aceitar quem você é e viver em paz. Ter o sentido da paz já integrado ao seu próprio ser.

Se você não estiver bem com você mesmo, esqueça essa ideia de que estará bem no emprego ou no cargo dos sonhos. Tudo é sistêmico e uma coisa depende da outra.

Não é possível separar as áreas. Mundo interno e mundo externo representam a mesma face humana, social e afetiva.

Se não consegue ficar em paz com seus pensamentos sozinho, não conseguirá ficar em paz ao lado de ninguém. Se não consegue amar a si mesmo, não conseguirá amar ninguém.

Tudo não passará de mera ilusão.

Quando você não se sente confortável em sua companhia, têm grandes chances de, em um relacionamento, se tornar dependente da sua parceria.

A hora de ficar bem é agora, não tem outro momento melhor do que o presente para começar algumas mudanças que você só vem adiando e esperando chegar o instante perfeito.

Se mexa. Não perca mais tempo. Faça o que for preciso para alcançar a sua paz. Essa é a sua maior fortuna, não desperdice a chance de prosperar. Não desperdice a chance de experimentar uma vida esplêndida.

LIÇÃO 72

ENTREGANDO AMOR

Algumas pessoas simplesmente são tudo o que você não queria entender sobre o amor. Elas representam o que você não acredita e o que não entende como a energia do amor e do afeto universal.

Elas vão ter comportamentos que te desrespeitam, que te fazem mal e que te machucam e ainda vão acreditar que está tudo certo. Você vai se sentir ferido, machucado e magoado. Tudo vai parecer um absurdo.

Na cabeça delas, isso é tudo o que elas podem oferecer e, mesmo quando dizem que vão mudar, acabam não mudando nada.

Cada um dá o que tem. Isto é fato e quase uma condicionante na vida, até que haja mudanças internas e emocionais.

Não é que não queiram melhorar algumas coisas, é que simplesmente isso é tudo o que elas são, e se não está compatível para você, em algum momento, é bom repensar no porquê continua aceitando isso.

Não dá para reclamar o tempo todo de quem o outro é, se ficamos ali a todo o momento nos diminuindo para pertencer àquele lugar.

As pessoas não são obrigadas a mudar, nós é que precisamos refletir se essa nossa versão merece realmente continuar *dando murro em ponta de faca.*

Não culpe os indivíduos por serem quem são, apenas se pergunte porque você está aceitando que eles permaneçam na sua vida. A escolha é sua.

LIÇÃO 73

LUTAS INTERNAS

Brigar com os nossos próprios desejos é cansativo. O corpo quer, a alma pede, o coração implora. É uma luta quase ingrata e intolerável.

Mas a cabeça lembra de tudo o que aconteceu. A memória traz de volta todo o enredo. Esse envolvimento só te fez mal. Só te prejudicou e causou dor.

Não dá para, simplesmente, fingir que nada aconteceu. Não dá para esquecer o que desandou. *Quem me dera essa mensagem fosse capaz de reiniciar tudo.*

Quem me dera pudesse, simplesmente, deletar toda esta carga de emoções, sentimentos e pensamentos confusos do passado.

Mas, infelizmente não é assim que funciona. Não teria espaço, não teria clima, não teria continuidade, não teria reciprocidade. Palavras não adiantariam.

Eu sei que não está sendo nada fácil, mas a cada dia vencido, você vai se sentir mais forte.

A cada noite que conseguir controlar os seus impulsos, se sentirá mais livre. Terá a certeza de que vai superar qualquer adversidade.

A cada mensagem que você não enviar, sentirá orgulho de si. Leva-se tempo para reconstruir os pedaços, levantar a cabeça, superar e seguir sem olhar para trás.

Mas tudo passa. Tudo. Passa. Ainda bem.

LIÇÃO 74

NADA ESTÁ FORA DO TEMPO

Nada está fora do tempo. Nada está fora de hora. Aceite a vida. Se você já está fazendo a sua parte, o resto virá quando for o momento. O momento escolhe quando você está preparado para viver o que precisa viver.

Não queira antecipar ou forçar situações que não lhe cabem agora. Experimente viver com mais entrega, experimente não tentar controlar ou brigar com o seu destino. Não tente dominar as circunstâncias.

Não compare o seu tempo ao tempo de quem te rodeia. Só cada um sabe do seu coração e de suas lutas. Não dá para medir, não dá para igualar. Não dá para comparar nada. Cada história é uma história, cada enredo é um enredo. Vale a dica!

Olhe mais para as suas condições e oportunidades. Não foque só na grama do vizinho porque ela vai parecer sempre mais verde.

Desfrute, aprecie, curta, aproveite. Felizes os que abraçam a vida e escolhem ser lapidados por ela.

São quase 8 bilhões de pessoas no mundo, não é possível que você acredite que nasceu fadado a alguém que não tem nada a ver com você.

Você sempre fala que quer conhecer gente nova, mas está sempre *se enroscando* com a antiga que só traz *dor de cabeça*.

Quem nunca falou que queria mudar os ares, mas ficou meses *dando murro em ponto de faca*?

Não é nada promissor ficar insistindo nas pessoas que só bagunçam mais as nossas ideias.

Tem muita coisa boa para você viver, pare de se limitar dessa forma. Não desperdice mais tanta energia em amores *meia-boca*.

LIÇÃO 75

LIVRE IMPRESSÃO

Por mais difícil que seja, lembre-se: as pessoas têm livre arbítrio e ficar mendigando pelo amor delas não vai resolver nada.

Você não precisa implorar, nem explorar o sentimento alheio. É preciso transcender, iluminar-se, aceitar, respeitar e acolher as decisões dos outros.

As pessoas farão escolhas que nos machucam, que nos afetam, que nos contrariam, mas elas têm os motivos delas, mesmo que você discorde disso. Elas têm suas próprias vontades, desejos, anseios e impressões.

É preciso sabedoria e generosidade. Coração aberto e disposição, mesmo quando você não é o centro das atenções de outra pessoa. Por isso, seja cauteloso.

Não fique obcecado por quem quer seguir. Não fique se torturando o tempo todo e vivendo na pior. Alivie a pressão sobre si mesmo. Acalme seu coração e oriente seus ânimos.

Sacuda a poeira. Aprenda a se amar. Vale a pena.

Nós sempre achamos que não existe mais ninguém no mundo que vai se encaixar tanto com o nosso coração.

Nós sempre achamos que se esgotaram todas as possibilidades e que não existe mais esperança para nós.

Nós sempre achamos que não vamos superar uma história bonita de afeto. Mas o tempo passa, as prioridades mudam, as vontades se reinventam.

Aos poucos, vamos colocando os nossos pensamentos no lugar. Aos poucos, vamos entendendo que nunca foi tão inigualável quanto parecia, nós é que estávamos obcecados.

Quando tudo começa a se ajeitar, percebemos que, mesmo quando as pessoas vão embora, ainda temos sempre a nós mesmos para cuidar.

Deixe que o vento leve, deixe que a vida tire, deixe que tudo se renove. Nada é tão insuperável quanto parece. Nada é tão bom que não possa melhorar.

LIÇÃO 76

HORA DE DELETAR

Pode ser que tenha um número na sua agenda que precise ser apagado.

Pode ser que tenha algum perfil no Instagram que você precise parar de olhar no modo automático.

Pode ser que tenha algum curso que você gostaria muito de se matricular e por alguma insegurança não toma a iniciativa.

Pode ser que tenha um trabalho no qual você precise se arriscar. Pode ser que tenha alguém muito especial que você só precisa se autorizar a amar.

Pode ser que você esteja adiando decisões que sabe o quanto mudariam o rumo da sua vida.

Mas, por alguma razão (normalmente, o medo), você continua na zona de conforto (nada confortável). Não muda sua percepção, nem deseja mudar.

Algumas mudanças só precisam de fé, coragem e de ação. Existe um mar de oportunidades só esperando o seu posicionamento.

Não feche os olhos para o que teria o poder de fazer o seu coração vibrar muito mais. Arrisque-se. Faça escolhas diferentes. E se der medo? Vai com medo, mesmo. Nunca se acostume a ser infeliz.

LIÇÃO 77

JARDIM FLORIDO

Ainda existe tanto amor para você sentir! Ainda existe tanta coisa incrível para você viver! Lugares para conhecer, pessoas para abraçar, amigos para contagiar!

Mas, não se apresse. A vida não acontece de acordo com o nosso desespero e urgência. Não apresse o passo da vida. Não acelere o relógio da existência. Tudo tem seu tempo e seu percurso natural.

Ainda tem muito milagre para acontecer na sua história. Ainda tem muito sorriso para você espalhar por aí. Batalhas a serem vencidas, objetivos a serem conquistados.

Não há uma receita pronta para o seu sucesso. A vida tem caminhos que, às vezes, parecem confusos e sem sentido, mesmo. Faça a sua parte e acredite, ela também fará a parte dela.

Existe um imenso jardim para florir, belezas ocultas e oportunidades inexploradas por você para você viver, conquistar e ser feliz. Acredite, confie em você e se deixe levar até o amor e a alegria.

LIÇÃO 78

DOR DO APEGO

A dor é maior quando sabemos que estamos apegados a determinadas pessoas ou situações que sabemos, também, que precisamos deixar ir. O apego gera dor, sofrimento, angústia e falso sentido de dominação.

Essa luta incessante para agarrar coisas que não estão em nosso alcance pode ser extremamente árdua e desnecessária quando não enxergamos a realidade dos fatos. Quando não visualizamos um palmo a nossa frente.

Ao viver se *vitimizando* pelo outro que não fica ao seu lado, você está dizendo para o universo que ele não sabe o que é melhor para você.

Você apenas confirma para o universo que deseja mais dor e sofrimento. Que busca alguém que te martirize, pois isso é sacramentado por seu comportamento.

Aceite mais o que não está no seu controle. Aceite mais a vida. Ouça a mensagem que pode estar recebendo. Não relute tanto. Não se desespere.

Relaxe mais em sua quietude. Faça um retiro consigo mesmo. Compreenda que de nada vai adiantar se desgastar com alguém que te disse "não". Volte-se para si.

Estabeleça bons vínculos com a sua alma e espírito. Libere. Desapegue-se aos poucos. Se precisa ir, simplesmente, deixe que vá.

Mas, é chegada uma hora em que simplesmente não dá mais. Após diversas tentativas de fazer funcionar, a nossa saúde mental acaba pedindo por socorro.

Após fazermos inúmeros ajustes, mudarmos diversas vezes as estratégias e irmos além do nosso limite, acabamos desistindo.

Todos nós merecemos a felicidade e se ela não chega quando duas pessoas estão perto, talvez o único meio de chegar é seguindo caminhos separados.

Mais uma vez, percebemos que só vai dar para viver em paz se nos libertarmos, se soltarmos as amarras, se deixarmos o navio afundar de vez.

Ajustar e segurar tudo sozinho não funciona. Não podemos perder a nossa sanidade só para permanecer no universo de alguém.

A vida fica mais fácil quando priorizamos o nosso estado de espírito e quando buscamos soluções melhores para a nossa vida.

É assim que conseguimos fazer o bem aos outros, também.

Não dá para se perder a todo instante, precisamos nos posicionar. Se não teve solução, solucionado está.

LIÇÃO 79

SENSAÇÃO DE DEVER CUMPRIDO

Quando você se reconhece como uma pessoa boa, não consegue ficar muito tempo se lamentando por quem não ficou. Não chora, nem se lamenta. Porque está em harmonia com você mesmo.

A sensação de dever cumprido é sempre maior do que o medo da solidão. A sensação de ser útil e bondoso supera qualquer vazio ou rejeição. A sensação de plenitude é maior e soberana.

Não perca tempo provando nada a ninguém. Quem precisa estar consciente dos seus atos e da sua alma é você mesmo.

Você é quem precisa estar de bem com você e com suas aspirações.

Quem precisa estar de acordo com o seu senso de moralidade e generosidade é você, e somente você.

Sempre foi assim. É você com você e mais ninguém. Suas ações e comportamentos são reflexos do que você é.

Não esqueça desse lema para a vida: não perde quem é bom, quem perde é quem não sabe valorizar.

LIÇÃO 80

QUEM É RESPONSÁVEL

Existe uma mensagem escondida por trás de cada vez que nós *quebramos a cara* por amor. Algo subjetivo e oculto sobre nós mesmos.

Normalmente, essa mensagem diz: ninguém é responsável pela sua felicidade, ninguém vale a sua paz, não deposite tudo no outro, ninguém veio ao mundo para ser sua metade. Não coloque sua felicidade em uma bandeja e a entregue para outra pessoa.

Tudo na vida é transitório. Quanto mais tropeçamos, mais percebemos isso. Ou aprendemos a não esperar que as pessoas nos sirvam o tempo todo ou *ficaremos sempre nas mãos delas.*

Você deve ser dono da sua vida.

A nossa passagem aqui é uma viagem de trocas, ninguém nos pertence de fato, além de nós mesmos. Esse é o seu único pertencimento.

Entenda essas mensagens que o universo já enviou a você. Aprenda a evoluir com as quedas. Aprenda a não projetar sempre nos outros os seus motivos para ser feliz.

A vida é agora, faça mais o que te faz bem.

Muita gente passa pela nossa vida, mas, nem todos conseguirão despertar boas energias enquanto estiverem perto de nós.

Nem todos contribuirão para a nossa leveza. Nem todos vão poder nos agregar conteúdo com emoções positivas e alegres.

Algumas pessoas simplesmente não combinam com o nosso espírito. As coisas não funcionam de jeito nenhum. O estresse e o caos acabam sendo inevitáveis.

Por isso, é importante saber reconhecer quando não for possível seguir feliz ao lado de alguém. É importante reconhecer quando as sintonias são bem diferentes.

É importante perceber a hora de sair de cena quando você já tentou milhares de jeitos diferentes e ainda se sente extremamente desconfortável nessa situação.

Se está pesado carregar algo (que não te faz bem) na sua mochila, talvez seja hora de escolher deixá-la para trás.

LIÇÃO 81

INTERESSE VELADO

Quem não está interessado nos desinteressa. É o reflexo iminente de qualquer relação. De um contato desinteressado e impertinente. Para evoluir, é preciso reciprocidade e integração.

Ou pelo menos deveria ser assim, não é?

O que tem de interessante em alguém que *não está nem aí para gente*, além da necessidade do nosso ego em possuir aquilo a qualquer custo?

O que se pode resguardar de uma relação desinteressante?

De algo sem motivação?

Essa obsessão por ter o que só dificulta e complica não tem nada a ver com o amor e a paz que merecemos viver. Diz mais sobre a necessidade de autoafirmação do que sobre qualquer outro sentimento.

Se a pessoa não quer estar conosco, por que queremos estar com ela? Não faz sentido, entende?

Ficar correndo atrás dessas pessoas desinteressadas é desperdício de energia. Não fique lutando sozinho por algo que não depende de você.

Vá viver e buscar coisas maiores. Não fique nesse ciclo de obsessão e posse. Vale a pena viver com leveza. Se o outro não está interessado, apenas seja recíproco, retire-se.

Muitas vezes, um término pode acontecer sem que nós estejamos preparados para isso.

Muitas vezes, daremos um último beijo sem saber que aquele realmente era o último.

Os abraços vão deixar de acontecer, o "eu te amo" não será mais repetido, mas, ainda assim, saberemos que deu certo enquanto durou.

Só que queremos sempre mais. Os beijos nunca são suficientes, os abraços menos ainda. O "eu te amo" é sempre música aos ouvidos e quando ela para, fica sem graça.

Não vamos conseguir controlar tudo mesmo e, *quer saber?* Deixar as coisas fugirem do nosso controle também pode ser maravilhoso.

Agradeça pelo que foi vivido e, se não puder se repetir, você pelo menos teve a oportunidade de apreciar o momento que durou. A vida é feita de momentos. Desfrute.

LIÇÃO 82

POSSIBILIDADES ESGOTADAS

Caso a situação vá até as últimas consequências, não nos entristeçamos, pois pode ser tudo o que precisávamos.

É que talvez essa seja a única forma de sair de alguma situação com o sentimento de que entregamos o nosso melhor.

Ou seja, o sentimento de plenitude e de plena entrega.

Assim, quando qualquer tentativa de arrependimento vier, saberemos exatamente a razão pela qual tomamos aquela decisão.

Assim, quando alguém não ficar, saberemos que esgotamos as possibilidades. Assim, quando algum plano não sair conforme o planejado, saberemos que fizemos a nossa parte.

Nada paga a sensação de um coração que está leve porque sabe que fez o melhor que podia.

É preciso perceber.

Não é porque chegou ao fim que não valeu a pena. Não é porque os caminhos seguiram separados que não deveriam ter se encontrado.

É que, às vezes, as coisas não duram o tempo que gostaríamos. É que, às vezes, algo decepcionante acontece e tudo acaba se perdendo.

Ainda assim não foi um desperdício de tempo, ainda assim não há porque viver se lamentando.

Guarde as boas memórias e tente seguir em paz. Agradeça pelo que foi positivo e absorva o aprendizado.

Não há porque se arrepender. Não há porque viver se culpando. Algumas coisas podem não durar longos anos, mas, ainda assim, deixarem marcas por toda a vida.

A nossa história é construída por bons momentos, então, independentemente de quem fica ou de quem vai, tudo vale a pena se nos fez pelo menos 1% mais feliz.

LIÇÃO 83

NADA É POR ACASO

A pessoa que esteve na sua vida foi exatamente compatível com a energia que você estava quando a atraiu. Vocês estavam na mesma frequência.

Talvez hoje você não entenda o porquê de alguém tão "duvidoso" aparecer no seu caminho, mas, se pensar com calma, vai perceber que você possibilitou, de alguma forma, que aquele indivíduo se aproximasse.

A questão é que tudo o que foi colocado em nossa história e jornada teve um propósito e um porquê.

Se não gostamos do que andamos colhendo é porque a vida está dizendo que é hora de mudarmos as estratégias e plantarmos algo diferente.

Estamos em constante evolução e a ideia é que o nível dos nossos relacionamentos vá evoluindo também.

Não se martirize por histórias ruins que passaram. Não era acaso, não era acidente, era tudo o que você precisava para crescer.

Assim somos nós, seres humanos. Nos interessamos e nos desinteressamos de acordo com o que vivemos ao longo da vida.

Não há nada que nos mantenha amarrados a alguém para sempre se não houver razões ou motivos felizes para ficarmos.

Muita gente pensa que o outro vai ficar esperando por muito tempo e, quando se dá conta, aquela pessoa já está em outra história.

Não pense que a vida de alguém não vai seguir sem você, porque de alguma forma ela vai, então melhor valorizar enquanto a pessoa está do seu lado.

Sempre tem experiências novas para vivermos, então, se não houver reciprocidade em algum lugar, encontraremos outros jeitos de obter a nossa felicidade.

Gostamos, nos entregamos, valorizamos, mas existe um limite. Também sabemos ir embora. Também sabemos tocar o nosso barco. Nada é garantido, principalmente um interesse.

LIÇÃO 84

O QUE FAZER AGORA?

O que você mais tinha medo aconteceu. O outro foi embora sem que houvesse maneiras de fazê-lo ficar. Nada pode deter a decisão desse de seguir.

E o tempo que passou?

E o amor que você investiu?

Parece não ser possível que acabou. A negação toma conta. A negação invade.

Um tempo depois e você ainda se vê perdido. É como se as coisas nunca mais fossem voltar para o lugar. O vazio é evidente. O vazio é devasto.

Esperar diversas vezes um sinal ou uma mensagem dizendo qualquer coisa. Quem sabe alguma bobagem que fizesse a chama da esperança reacender. A esperança da relação renascer e persistir.

Você não sabe o que fazer com as fotos, com as lembranças, com a saudade. Quando perguntam do outro, você não sabe nem explicar.

É estranho falar o nome. É estranho lembrar, pensar ou sentir.

Você procura notícias do tal alguém. Quer saber de tudo. Quer estar por dentro de tudo. Olha as redes sociais dele. Deseja voltar no tempo. Deseja um minuto junto a ele.

Então, quando você começa a ficar melhor, descobre que já está conhecendo pessoas novas e que está vivendo a sua vida muito bem sozinha.

Tem a percepção clara de que tudo aquilo está ficando para trás, sendo guardado como uma lembrança segura e controlável.

É. É a hora de acordar para a realidade. Já não cabe mais esperar.

É claro que você não se reconstruiu da noite para o dia, mas, ao menos, conseguiu tomar essa decisão. Tomou a atitude necessária, a melhor escolha.

É tempo de tocar o barco. É tempo de explorar novos horizontes.

Dia após dia, você vai resgatando a sua vontade de viver. Sua vontade de progredir e de explorar novas possibilidades no mundo.

Colocando cor no que estava cinza. Alegria nas convenções da vida. Liberando as sombras e iluminando qualquer escuridão ainda intranquila.

Comemorando cada noite que consegue não pensar tanto em quem partiu. Cada momento de esquecimento, de sensação de liberdade, de alívio e de iluminação.

Notou que os males acabam sempre vindo para o bem. Foi real, foi intenso, valeu enquanto durou. Mas é hora de libertar os corações.

É hora de transcender para uma vida bela, florida, leve e amena.

E talvez essa saudade doída seja agora só o imposto que vai ter que pagar por tantos momentos lindos vividos. O tributo necessário para a felicidade.

LIÇÃO 85

ENREDO LEVE

Deixar a pessoa decidir o que é melhor para ela, mesmo que esse melhor não seja você, é a forma mais inteligente que você poderia agir. É sábio agir dessa forma.

Dar tempo para as pessoas escolherem seus caminhos é respeitar o livre arbítrio delas. Se ela já deixou bem claro o que gostaria, só te cabe relaxar. Relaxar, soltar e desprender-se. Desapegar.

Deixar o outro ser quem ele quiser ser é uma atitude de sabedoria, de maturidade e de paz. É uma forma de transcender os sentimentos mesquinhos.

É claro que não precisamos parar nossa vida para esperar ninguém decidir o que irá fazer, mas, ainda assim, pressionar não é uma boa escolha. Com pressão, não existe saída, nem alternativas sinceras.

Deixe que as coisas fluam. Deixe que as pessoas cresçam por si só. Seja a pessoa que dá asas, seja a pessoa que consegue ter percepção do que vale a pena insistir e do que vale a pena se retirar. Você deve escolher.

Só queira que fique quem realmente escolheu ficar.

Às vezes, nós não escolhemos o fim. Queríamos outro roteiro, outro desfecho, um final muito mais feliz. Outro enredo, possivelmente.

Queríamos que os objetivos juntos fossem cumpridos, que as viagens fossem realizadas a dois, que as juras de amor fossem eternizadas.

Escolheríamos mais alguns anos de cumplicidade. Mais beijos e abraços sem fim. Um roteiro romântico de cinema.

A verdade é que, embora nós tenhamos o desenho perfeito na nossa cabeça, as coisas nem sempre seguem por essa rota.

Ficamos tristes, desapontados, contrariados, sem perspectiva, sem muitas razões para sorrir.

Brigamos com o destino. Não aceitamos de início. Mas o tempo vai passando e nós decidimos entregar tudo para algo maior que a nossa sabedoria.

Relaxamos, respiramos mais aliviados. Às vezes, uma decepção a curto prazo antecede uma bênção a longo prazo.

"Obrigada, vida. Minha arrogância sempre quis te contrariar, mas quanto mais você flui, mais eu tenho certeza de que você sabe muito bem o que é melhor para mim."

LIÇÃO 86

INCOMPATIBILIDADE RASA

Nem todo mundo vai conseguir te decifrar. Nem todo mundo vai ter espaço para abraçar o teu conteúdo. Suas poesias são raras, não são para qualquer um ler.

Nem todo mundo vai comportar a sua imensidão. Muitos não vão acreditar que serão capazes de mergulhar em você.

Quando isso acontece, não entendemos, ficamos tristes, queremos nadar, sim, na piscina rasa do outro. Queremos mergulhar profundamente no que é raso.

Saímos frustrados, tristes e incompreendidos. Mas o tempo mostra que não somos para todo mundo. Não temos sincronia com tudo e todos.

Nossa individualidade não está para qualquer mercado. Não estamos em prateleiras. Não estamos prontos para acoplar em qualquer emoção vazia.

Não é você que tem que ser menos expansivo, as suas escolhas é que precisam ser mais compatíveis com o que você tem a oferecer. Isto é um resultado natural e espontâneo.

Acontece com harmonia à medida em que você expande seus comportamentos, suas ideias, suas ações, suas emoções e seus pensamentos.

Não se lamente. Você ainda vai *continuar oceano*, independente de quem não conseguiu aprender a *mergulhar em você*.

E você pode chamar de "pior pessoa que passou na minha vida" ou como preferir, apenas tenha em mente que tal pessoa tinha uma lição para lhe ensinar.

Os ciclos serão repetidos se não entendermos o que cada um desperta em nós quando não compreendemos o que precisa ser compreendido.

Se estamos nos tornando a nossa melhor versão, devemos gratidão a todos aqueles que cruzaram o nosso caminho, mesmo que não tenha sido uma experiência feliz.

Se você está cheio de amor próprio hoje em dia, é porque pessoas te mostraram o quanto você precisava dele.

Tire algo de cada desilusão. Nada acontece por acaso.

LIÇÃO 87

RECOMEÇO ESPERADO

Queremos que tudo recomece um dia da forma mais linda e surpreendente possível. Queremos que o universo nos dê uma nova chance de ouvir e falar "eu te amo".

Cada dia é uma nova oportunidade, cada noite traz um novo frescor e, cada reação, uma chance de lidar melhor consigo mesmo, com as outras pessoas e com os nossos amores.

Talvez, aquele sorriso cruze de novo o seu olhar. Talvez, a vida permita que seja eternizado dessa vez.

Seu mundo pode girar a seu favor, rapidamente, quando você aceitar, acolher, receber, apoiar e conciliar suas emoções.

Bem como medir os comportamentos, compreender sua própria identidade e reconhecer que existem personalidades com características, gestos e posturas diferentes e dissociadas das suas.

Pois será a heterogeneidade de pensamentos e comportamentos, também no campo das emoções afetivas, que deverá iluminar sua mente e transformá-lo em um ser humano sábio e autossuficiente.

Quando você alcançar sua excelência emocional, estará pronto para equilibrar as relações e encontrar alguém em profunda e plena ressonância com sua existência.

Pessoas especiais, que vão fazer você cintilar de alegria, de paixão, de entusiasmo e vão te apresentar novas oportunidades.

Mas, nem sempre, os processos de evolução caminharão para isso. Nem sempre encontraremos, de novo, essas pessoas especiais, então só nos resta torcer por elas.

Porque tudo faz parte do aprendizado da vida e um dos ensinamentos sagrados diz respeito à liberdade paciente, harmoniosa e amorosa que deve existir dentro e fora de você.

Você pode desejar que seus sonhos se realizem, confiando sempre que o universo prepara o melhor para todos nós, especialmente quando a consciência de si vem de dentro para fora.

LIÇÃO 88

SENSAÇÃO INEXPLICÁVEL

Não tem como explicar a sensação de gostar de alguém demais e, ainda assim, não conseguir ser feliz com essa pessoa. Não tem como explicar essa frustração, seja ela passageira ou duradoura.

É como se esse sentimento só fizesse mal, é como se estivéssemos indo contra a própria paz ficando ao lado desse indivíduo. É uma sensação de distanciamento emocional e de isolamento sentimental.

Não tem escapatória. Se ficar dói, se for embora vai doer também. A questão é:

Qual dor vale mais a pena sentir?

Qual vai valer mais a pena a longo prazo?

Algumas escolhas não são fáceis de fazer. Algumas decisões são absolutamente tudo o que não gostaríamos de viver. Mas deveremos experimentar. Faz parte do aprendizado, do caminho a percorrer.

Mas não tem outro jeito. Quando ficar com alguém só nos deixa em pedaços, precisamos nos resgatar.

Precisamos nos reconstruir e nos organizar emocionalmente. Recuperar a energia do amor e do coração.

Quando um amor só nos deixa infelizes e já não há mais alternativas, precisamos seguir. Mesmo que machuque. Mesmo que incomode.

Ninguém vale a nossa paz de espírito. Ninguém vale a nossa felicidade.

E seria ótimo se o coração pudesse sair intacto de qualquer romance em nossa vida, não é?

Mas, infelizmente, não é assim que acontece. Embora alguns saiam mais preservados, ainda assim, há sempre um desgaste inevitável.

Alguns términos geram feridas e cicatrizes. É uma soma de todas as experiências. De qualquer forma, esse coração precisará de ar puro. É necessário se reorganizar e se recompor.

Muitas vezes, isso não acontecerá em um curto período de tempo. Dependendo dos estragos, pode ser preciso muita coragem e paciência para deixar a *casa em ordem*.

Refletir no que funcionou, no que não foi tão legal, no que te ensinou e nas feridas que machucaram.

Embora seja difícil, tal atitude terá o poder de te aprimorar como ser humano. Não pule etapas. Você precisa refletir até conseguir digerir o que aconteceu.

Para seguir em frente será preciso elaborar esses sentimentos. O crescimento, nem sempre, virá sem dor. Acredite no processo.

RECOMEÇAR, SE REINVENTAR, FAZER O SEU MELHOR COM O QUE TEM HOJE. BATALHAR PARA TORNAR SUA VIDA INCRÍVEL. ISSO NUNCA FALHA

LIÇÃO 89

OUTRA SENSAÇÃO INEXPLICÁVEL

Talvez hoje você seja a pessoa que o outro não escolheu. Pode parecer grande, dolorido, insuperável, mas é só uma situação transitória na qual todos nós podemos passar.

Essa circunstância não é a sua identidade, ela não determina o seu valor e *nem te fará cócegas* daqui a alguns anos.

Não dá para saber, ao certo, o motivo pelo qual você está passando por isso, mas, em algum momento, você vai entender.

É claro que vai machucar por um tempo. Você vai tentar atropelar os sentimentos, negar o que aconteceu, querer que o outro se arrependa.

Mas depois vai entender que essas situações só te fazem olhar mais para você. Olhar com clareza para dentro de si, com autenticidade e discernimento.

Não importa quem não te tenha como primeira opção, no final das contas, você já foi escolhido para brilhar antes mesmo de nascer. E isso, somente isso, será o suficiente.

LIÇÃO 90

DOCES HISTÓRIAS

Sempre tem uma história que não queremos deixar acabar. Um final sem roteiro definido. Uma falsa esperança e uma ilusão comprometida. Isto também tem a ver com expectativas criadas, unicamente, por nós mesmos.

Por nossa visão de mundo, dentro do mapa da mente, daquilo que acreditamos, cremos e fomos condicionados culturalmente, emocionalmente e socialmente.

Tudo o que absorvemos e que o nosso sistema entendeu como verdade absoluta e extrema.

Mesmo com uma longa despedida, ficamos na expectativa de que, em algum momento, os destinos se cruzem novamente.

Que haja um ponto de intersecção entre o que passou e o que está por vir. Mas nos esquecemos deste presente, do momento atual e mais importante da vida: o agora, o estado absoluto de presença dentro de cada um.

Fica um vazio enorme ao dizer adeus, então transformamos em um "até logo". Quem sabe, para essa vida ainda.

Quem sabe ao cruzar a rua ou ao virar a esquina, um súbito encontro acontece porque criamos doces ilusões, breves ou intermináveis histórias para a nossa mente.

Contos que alimentam o coração, nos enchem de esperança e fazem, momentaneamente, nossos olhos brilharem de emoção e o coração palpitar de euforia. Memórias eternas consagradas dentro da alma e nas alegorias de mentes apaixonadas.

Mas não podemos continuar nesse enredo de fantasia. A vida real precisa de doses de inteligência. Quanto mais você criar doces ilusões com uma determinada pessoa, menos vai querer que ela desocupe o seu coração, já que não se sente capaz de lidar com esse vazio.

Comece aos poucos abrindo mão desses alívios momentâneos e dessa necessidade de se preencher com essa pessoa.

Será desconfortável no início, você se sentirá incompleto, faltará alguém para aquecer seus sonhos, mas, acredite, a realidade é o que você realmente precisa. Só nela você consegue superar o passado. Não fuja dela.

LIÇÃO 91

DESTINO TRAÇADO

Umas das maiores teimosias é achar que pessoas "apenas de passagem" precisam ser o nosso "destino final". Que elas são o porto seguro da nossa existência. Nada disso faz sentido, nada disso é real.

Isso acontece quando não compreendemos que existem muitas coisas por trás do nosso querer. Quando não entendemos o que motiva nosso comportamento.

Na maioria das vezes, esses sujeitos não têm como ficar, e insistir só trará mais dor. Trará mais ressentimento, mágoa e sofrimento.

Às vezes, falta um pouco de humildade em reconhecer que nossa função não é ter tudo a nossa maneira.

Somos parte de um processo de aprendizado e amadurecimento. Todos nós caminhamos juntos nisso.

Não somos o centro do mundo, ele não gira só ao nosso redor. Somos o espelho do mundo. Do mundo interno e do mundo externo.

Mas, assim como existe alguém que não te valoriza o suficiente, existe, também, alguém só esperando o tempo certo para cruzar a sua vida de forma inesperada. Curta a viagem e o destino será traçado dia após dia.

LIÇÃO 92

SAUDADE CRISTALIZADA

É duro quando a saudade torna o outro tão perfeito, cristalizado e idealizado, e faz parecer que ninguém mais fica à altura. Ninguém parece ter tantas qualidades e atributos pessoais tão incríveis.

Tal *ex* parece tão bom e incrível que fica impossível acreditar que você poderá encontrar alguém tão legal quanto. Com impressões tão positivas e determinantes. É quase inaceitável essa ideia quando a *saudade aperta*.

Só que, muitas vezes, a mente fica seletiva ao ponto de apagar os reais motivos pelos quais você não está mais naquele romance. Não consegue distinguir os eventos e fatos relacionados. Você amplifica tudo.

Cuidado ao aumentar o outro a enormes proporções e deixá-lo impossível de ser superado. Cuidado ao elevar o próprio pedestal dele.

Não priorize quem não escolheu estar ao seu lado. Fortaleça a sua mente, pouco a pouco. Preste atenção nas suas emoções. Observe suas reações, seus sentimentos, o que pensa e como se porta na vida. Priorize-se.

Um passo de cada vez e verá que, em todo fim do túnel, existe uma luz. Maior, mais reluzente e esperando por você. Continue, siga e se fortaleça.

LIÇÃO 93

SEU REFERENCIAL

Uma pessoa que batalhou para se conhecer, que descobriu seus pontos fortes e fracos e que aprendeu a dominar suas sombras, dificilmente será dobrado por qualquer um.

Ela não vira dobradiça de ninguém e só se curvará a ela mesma.

Investiu tanto tempo nela que agora só vai transbordar com quem realmente estiver disposto a flexibilizar. Só vai sintonizar o que equaliza com suas emoções, com quem é, essencialmente.

Embora saiba lidar com a insegurança alheia, não quer mais se perder com pessoas confusas e imaturas. Não quer mais aventuras incompatíveis. Não deseja viver na escuridão e nas sombras.

Essa pessoa está em busca de quem quer construir. Está em busca de quem sabe o que quer. Está em busca do que é soberano no seu ponto de vista e a satisfaça plenamente.

Não há mais tempo a ser desperdiçado.

Essa pessoa adquiriu confiança, virou dona de si. Sorte de quem der vontade. Azar de quem preferir o medo.

LIÇÃO 94

MORANDO NO PRESENTE

Mesmo que o sentimento seja enorme, você precisa aprender a se libertar do que já foi.

Não adianta morar no passado, questionar tudo, não aceitar o fim. Não adianta tentar voltar no tempo, pensar como teria sido ou brigar com o destino.

O que passou, passou. E o que ficou é apenas um ponto de reverência. Você precisa se libertar do passado e viver o presente com maturidade e sabedoria. É preciso saber viver, a partir do que se viveu e experimentou.

Algumas coisas vão doer muito mais se não deixarmos que sigam em paz. É preciso coragem para se desvencilhar.

É preciso atitude para se desligar. Você precisa avançar no tempo e criar seu futuro com atitudes presentes.

É preciso firmeza para decidir o que te faz bem e o que não te faz. Não faz sentido se autorizar a permanecer em histórias que não vão ter continuidade.

Aprenda com o que aconteceu, não se *vitimize*, não se maltrate, não se feche para o mundo. Abra sua mente, receba conhecimento, busque investir em você, trazer cultura e possibilidades para a sua vida.

Permita que cada coisa encontre o seu lugar. Permita que você encontre o seu lugar. Aprenda a se libertar do seu *ex*. Aprenda a ser feliz. Livre, leve e solto.

LIÇÃO 95

AMOR NO HORIZONTE

À s vezes, demora para superarmos alguém, mas, em algum momento, o sofrimento passa. Somos muito maiores do que esse alguém. Nossas possibilidades são imensas. Nosso horizonte é infinito.

De repente, tropeçamos em algo diferente que devolve sentido a nossa vida. Que nos faz enxergar que nenhuma dor é eterna.

Que nenhum sofrimento é permanente. Que nada, nem ninguém, pode superar o amor que sentimos, incondicionalmente, por nós mesmos.

Existem coisas incríveis reservadas para nós, então não importa o quão difícil o dia de hoje pareça, um amanhã *novinho em folha* há de chegar.

Tudo vai se transformando, se refazendo, se misturando. As coisas vão se encaixando. As dores começam a não incomodar mais.

Deixe que o mundo gire para colocar a sua vida na órbita certa. Às vezes, essas voltas que o mundo dá levam tempo mesmo, mas acredite, tudo sempre vai para o lugar onde, de fato, deveria estar.

Não resista. Quando você estiver pensando que tudo se perdeu, a vida vem e te mostra como florescer. Se hoje você está sozinho é porque precisa desse tempo para se priorizar.

Saia para lugares diferentes, faça coisas que nunca fez, busque atividades novas. Curta um café, uma cerveja ou um vinho sozinho.

Assista a filmes, leia livros, busque lugares de paz, pratique mais o silêncio, ame a sua própria companhia, ame seus familiares, se dedique a propósitos importantes.

Isso vai te tornar leve, vai te trazer bem-estar. Quando estiver bem sintonizado com você mesmo e não fizer mais questão alguma de caminhar com pessoas desinteressantes é que a vida te surpreenderá com boas companhias.

Relaxe e confie. Estar sozinho pode ser a melhor coisa que já te aconteceu, então trate de desfrutar.

LIÇÃO 96

FUJA DO CICLO

Sério, faça isso por você. Quando perceber que está querendo falar o nome do "sujeito", *deixe para lá*. Mude o tom, o assunto, o tema e o dilema.

Quanto mais você tocar no assunto, seja para falar mal ou bem, mais a sua mente vai entender que aquela pessoa está presente e não faz o menor sentido ficar lembrando de quem queremos esquecer.

Quanto mais você se aproximar dessa pessoa através das suas palavras e dos seus pensamentos, mais difícil será a superação.

Mais difícil será a separação daquilo que não mais serve para você. Que não te pertence e que não condiz mais com quem você se tornou.

Fale de outros assuntos, pense em outros temas, temas interessantes e busque novos conhecimentos. Aprimore-se. Aperfeiçoe sua gestão emocional, acumule conhecimento, sabedoria e bom senso. Você chegou a outro patamar.

Não se torne refém de uma pessoa e de um contexto. Explore mais a vida. Permita-se esquecer. Se autorize a ser feliz e seguir em frente. Você merece. Você merece ser livre, feliz e plena.

A sua vida vai seguir. Isso é uma certeza. Da forma que você gostaria ou não. Com ou sem a pessoa que lhe é importante.

Você pode até achar que nada mais fará sentido, que tudo perdeu a graça, mas a realidade é que você não faz ideia do que te espera ao longo do caminho.

Não adianta ficar parado no mesmo lugar, resistindo, se agarrando, impedindo o fluxo natural das coisas.

Autorize que a sua vida siga. Agradeça por ter sempre a oportunidade desses recomeços. O tempo nunca vai parar, então é importante que você dance no compasso dele.

Sozinho ou acompanhado, alegre ou triste, satisfeito ou insatisfeito, a vida vai sempre andar para frente.

Vá acrescentando novas ideias, novos pensamentos e novos sonhos. Vá deixando esse caminho bonito. O baile vai seguir e, no final das contas, sabemos que somos capazes de continuar dançando.

LIÇÃO 97

CICLO ENCERRADO

Não importa quem vá embora, você continua. Faça isso ser agradável. Faça isso de forma alegre e livre. Mesmo que, no início, machuque muito. Mesmo que, no início, você não encontre um caminho para seguir.

Comece, aos poucos, cuidando de você, da sua pele, do seu cabelo, do seu guarda roupa. Valorize-se. Ame quem você é e deseja ser.

Um passo de cada vez para se encontrar. Estabeleça uma nova rotina, explore outras atividades, outros livros, outros lugares. Avance na sua jornada interior de autoconhecimento.

Algumas pessoas não vão ficar, mas você sempre fica. Abrace essa condição e faça o melhor possível nela. Acolha quem você é, sua melhor versão naquilo que você se transformou magnificamente.

O fim de um ciclo não significa o fim da sua possibilidade de ser feliz. Muito pelo contrário.

Alguns ciclos realmente precisavam terminar para que você descobrisse o que, de fato, necessitava estar na sua vida hoje.

Aceite o processo natural das coisas. Não tenha medo de *encerrar contratos* que já se perderam com o tempo.

Não tenha medo de se reinventar, começar do zero, sair da zona de conforto. Algumas situações servem de trampolim para o nosso sucesso.

Precisamos parar de teimar com a vida e aproveitar mais os impulsos que ela nos proporciona.

Somos seres de ciclos, ideias novas, objetivos novos.

Não se espante quando algo importante chegar ao fim, pois esse pode ser, na verdade, o seu melhor recomeço.

"Preciso insistir mais, tal pessoa ainda pode me amar", "Se eu não seguir a minha vida, talvez ela volte".

Será que realmente acreditamos nisso quando o dizemos? Ou é somente a nossa maneira de não nos rendermos à realidade que está diante do nosso nariz?

A pessoa já provou de várias formas que você não é uma prioridade, que não está no mesmo momento e sintonia, que não tem nada de verdadeiro para te oferecer, mas, ainda assim, você se sente vinculado a ela.

Você acha que tem recursos emocionais para lidar com tanta frieza e ainda acreditar que é só esse amor que merece receber?

Entenda: pessoas que não te consideram prioridade não possuem a menor chance de te fazer feliz. Reveja quem você está nomeando como seu atual ou futuro par.

Na maioria das vezes, lidar com a "rejeição" pode ser dolorido, mas te livra de sofrimentos prolongados.

Se não está se sentindo bem nesse caminho, talvez tenha chegado a hora de mudar o trajeto. Liberte-se. O final do ciclo chegou.

LIÇÃO 98

REMOVA A VENDA EMOCIONAL

Tire essa venda escura. Remova a venda dos olhos da alma. Limpe o que está nublando sua visão. Comece a analisar as situações nas quais se submete com mais atenção.

Por que você aceita migalhas? Por que não usa critérios mais apurados para escolher e tomar as decisões que vão interferir em seu destino, em suas relações e em seus relacionamentos?

O que faz você ir por aqui e não por ali? O que está por trás de suas sombras, dos seus pensamentos errantes e de tanta confusão mental?

O que está escondido naquilo que você mais teme e, mesmo assim, continua fazendo?

Por que, afinal de contas, você repete os mesmos padrões, segue as mesmas diretrizes, suas emoções permanecem estagnadas, paralisando seus sonhos de felicidade e as escolhas afetivas mais condizentes com seus princípios?

Existem mais perguntas do que respostas, neste momento. Porém, aquilo que souber responder para si mesmo será a solução ideal para qualquer conflito ou impetuosidade disfuncional.

Você sabe até onde vai a toca do coelho! Onde está a luz no fim do túnel e a saída do seu labirinto emocional.

Está com você e sempre esteve: a resposta para qualquer assunto e o mecanismo necessário para superar qualquer crise, toda e qualquer separação, o fim de uma relação, de um propósito ou o recomeço de uma nova jornada.

Passe a enxergar com clareza, sem autocontrole, subterfúgios emocionais, autossabotagem ou qualquer mecanismo destrutivo.

Você é capaz de liberar a própria visão emocional com discernimento, autossuficiência e uma relação íntima de verdade e amor próprio.

Pois o único que tem a solução para as suas condições difíceis é você mesmo. Busque autoconhecimento. Busque olhar para as situações com mais inteligência.

Coloque o foco em você, naquilo que te aciona a favor de si mesmo, que te enche de entusiasmo e te faz refletir sobre os meandros de sua própria reconciliação.

Todas as respostas e nuances de salvação estão contidas em sua natureza sensorial, nos sentimentos sinceros e bem-intencionados por você mesmo.

Existem muitas fendas, muitas saídas e o livre-arbítrio para retirar qualquer camada extra oposta à paz que você busca e ao equilíbrio que deseja em suas relações emocionais e afetivas.

Você não nasceu limitado, embora em alguns momentos acredite que sim. Comece a ter olhos que descomplicam, palavras que resolvem.

Retire a venda ou as vendas de suas pálpebras emocionais.

Não existem limites para você desbravar novos horizontes emocionais positivos e produtivos. Para alcançar uma nova percepção da vida.

Remova a sujeira comportamental que impede sua visão certeira e ofusca suas melhores decisões e escolhas potenciais.

Ninguém pode te deter e controlar o seu destino quando você consegue enxergar o que precisa enxergar, decidir o que é necessário decidir e escolher com maestria quando é necessário escolher.

Todas essas qualidades lhe competem e lhe são atribuídas.

LIÇÃO 99

A EVOLUÇÃO ETERNA

Comece a se incentivar, a se resgatar, a se transformar, pois acredite: ninguém vai simplificar por você.

Existem muitos *eus* seus em ressonância com seus desejos. Identidades positivas, sinceras, autossuficientes, completas, íntegras e plenas.

Adequadas ao movimento interno ideal que precisa adotar e adaptar para provocar a mudança interior necessária na sua nova conjugação emocional, sedimentada em confiança, em serenidade, em sinceridade e em amor incondicional, em primeiro lugar, por você mesmo.

Há um processo de transformação e de metamorfose existencial que traz segurança, credibilidade, certezas e convicções, apropriadas a sua nova versão humana.

Você tem atributos e qualidades essenciais que ainda desconhece e precisa explorar para extrapolar seus potenciais e se transformar em quem, realmente, deseja ser. Em alguém confiante, seguro de si, altamente capaz e ajustado às habilidades que lhe conferem poder de escolha, de decisão emocional e de resolução efetiva de suas relações mais íntimas.

O seu ego pode até trazer respostas emergenciais que o satisfaz, momentaneamente:

"A pessoa vai ter que voltar atrás". "Ela precisa se arrepender do mal que me fez".

É isso que você deseja, que alimenta seu ego, a essência da idolatria por si e por seus desejos escondidos em algum ponto da sua alma, da sua consciência e de seu inconsciente.

Embora faça um carinho *danado* no ego ver pessoas que nos dispensaram mudarem de ideia, viver obcecado em alcançar isso não traz nada de positivo.

Na verdade, isso pode causar sérias neuras e neuroses, emocionais e afetivas.

Pode esconder a verdadeira felicidade, a alegria por existir, inibir a autenticidade de quem se é ou deseja ser, sem máscaras, sombras, vendas ou subterfúgios do próprio ego.

Então, você prefere satisfazer o ego ou encontrar sua autonomia emocional e afetiva?

Reconhecer seus sentimentos inatos e puros, ou viver na sombra de alguém, no lado obscuro das escolhas terceirizadas?

Busque sempre amadurecer, busque a evolução eterna. Busque ser melhor do que ontem.

Não seja refém do seu ego. Alimente seu lado luz.

A vida requer que você seja bom na arte de superar e seguir em frente. Que aprenda todos os processos. Que se harmonize com ela. Que entenda o cair e levantar. Errar e acertar.

Você veio aqui para ser luz. Para brilhar. Nunca duvide disso. Seja inteligente, seja criativo. Faça arte. A sua arte. A arte de ser a pessoa mais incrível que puder. Você está aqui para viver tudo o que é divino.

"Não fui eu que ordenei a você? Seja forte e corajoso, não se apavore, nem desanime, pois, o Senhor, estará com você por onde andar." Josué 1:19.